Veronika Pichl

QUINOA *for fit*

Das proteinreiche Superfood

Bibliografische Information der Deutschen Nationalbibliothek:
Die Deutsche Nationalbibliothek verzeichnet diese Publikation in der Deutschen Nationalbibliografie;
detaillierte bibliografische Daten sind im Internet über http://d-nb.de abrufbar.

Für Fragen und Anregungen:
info@rivaverlag.de

Originalausgabe
1. Auflage 2016

© 2016 by riva Verlag, ein Imprint der Münchner Verlagsgruppe GmbH
Nymphenburger Straße 86
D-80636 München
Tel.: 089 651285-0
Fax: 089 652096

Redaktion: Matthias Michel
Umschlaggestaltung: Isabella Dorsch, München
Umschlagabbildungen: Möhrensuppe, Burger: Ronja Pfuhl, Food'n Photo; Tabouleh: Alleko/iStockphoto.com; Quinoa: Elena Schweitzer/Shutterstock.com; Haferflocken-Quinoa-Kekse: Aylin Ackermann; Pancakes: Erickson Photography/iStockphoto.com; Auflauf: Svetlana Kolpakova/iStockphoto.com; Brownies: Julia Sudnitskaya/Shutterstock.com
Satz: Satzwerk Huber, Germering
Druck: Florjancic Tisk d.o.o., Slowenien
Printed in the EU

ISBN Print 978-3-7423-0057-7
ISBN E-Book (PDF) 978-3-95971-450-1
ISBN E-Book (EPUB, Mobil) 978-3-95971-451-8

Weitere Informationen zum Verlag finden Sie unter:

www.rivaverlag.de

Beachten Sie auch unsere weiteren Verlage unter:
www.muenchner-verlagsgruppe.de

Inhalt

Vorwort

Essen ist schon lange mehr als ein bloßes Grundbedürfnis, und natürlich geht es den meisten von uns dabei immer auch um Genuss und die Freude daran, sich mit leckeren Köstlichkeiten zu verwöhnen. Daneben ist in den letzten Jahren das Bewusstsein für die Wichtigkeit einer gesunden und ausgewogenen Ernährung enorm gestiegen. Gesundheitsrisiken aufgrund von Nährstoffmangel oder Übergewicht sind vielen Menschen heute bewusster denn je, und so rückt auch eine gesunde Ernährung mit der richtigen Balance wertvoller Inhaltsstoffe immer mehr in den Vordergrund.

Grund genug, dass wir uns mit einigen sogenannten Superfoods näher beschäftigen. Nach den Chia-Samen (siehe *Chia for fit*, Riva Verlag, 2016) wollen wir uns einem weiteren Ernährungsstar aus Südamerika zuwenden: Quinoa! Glutenfrei, besonders vielseitig zuzubereiten und randvoll mit wertvollen Proteinen, sekundären Pflanzenstoffen, Antioxidantien und vielen anderen hochwertigen Inhaltsstoffen.

Ein echtes Powernahrungsmittel also – und nicht nur für diejenigen besonders gut geeignet, die unter einer Glutenunverträglichkeit leiden und nach einer leckeren Alternative zu vielen Getreideprodukten suchen, sondern auch für jeden, der sich ausgewogen und/oder vegetarisch oder vegan ernähren möchte.

Das Tollste: Aus den kleinen Wunderkörnern lassen sich nicht nur außerordentlich schmackhafte Hauptspeisen, sondern auch süße Desserts zaubern, die für Freude und Genuss beim Essen sorgen! Die glutenfreie Alternative zu Reis, Nudeln & Co. und ein Top-Lieferant für pflanzliches Protein ist nicht nur gesund – sie sorgt auch für Freude und Genuss beim Essen!

Was sind eigentlich Superfoods?

Jeder, der an einer gesunden Ernährung interessiert ist, hat schon einmal den Begriff Superfood gehört. In den letzten Jahren hat er sich zu einem geflügelten Wort entwickelt, unter dem oft alles zusammengefasst wird, was für besonders gesund gehalten wird.

Trotz seiner regen Verwendung gibt es für den Begriff Superfood bis heute keine einheitliche Definition. Richtig verwendet steht er für Lebensmittel, die meist natürlichen Ursprungs sind und eine besonders hohe Konzentration an wertvollen Inhaltsstoffen aufweisen und so unser Wohlbefinden effektiv steigern können. Insbesondere Obst und Gemüse als natürliche Superfoods können, vollgepackt unter anderem mit Vitaminen, Mineralstoffen und Antioxidantien, positiven Einfluss auf Gesundheit und Wohlbefinden haben.

Antioxidantien, hochwertige Proteine und komplexe Kohlenhydrate haben sich als echte Stars unter den Superfood-Inhaltsstoffen erwiesen. Antioxidantien helfen dem Körper beispielsweise dabei, sich gegen schädliche freie Radikale zu wehren, sich von Belastungen schneller zu erholen und sogar vor Erkrankungen wie Krebs oder Diabetes besser geschützt zu sein. Proteine und wertvolle Kohlenhydrate versorgen den Körper mit Energie, unterstützen ihn beim Muskelaufbau und halten uns lange satt und leistungsfähig. Besonders wichtig ist das natürlich nicht nur für Sportbegeisterte oder diejenigen, die sich gerade mit einer Nahrungsumstellung und Diät befassen, sondern für jeden, der im Alltag aktiver, fitter und leistungsfähiger sein möchte.

Ein breites Angebot an wertvollen Nährstoffen und die Bereicherung des Speiseplans durch vitamin- und mineralstoffreiche Superfoods ist darum für jeden sinnvoll. Schließlich stellen wir jeden Tag aufs Neue die Weichen für einen gesunden und aktiven Lebensstil – und zwar in erster Linie in der Küche und durch unseren Speiseplan.

Neben den bekannten und beliebten Chia-Samen, die in den letzten Jahren als Superfood von sich reden gemacht haben, kann auch Quinoa, nicht umsonst »das Gold der Inka« genannt, einen besonders wertvollen Beitrag zu einer gesunden Ernährung, aber auch zu Wohlbefinden und gesteigertem Energielevel leisten. Das bereits vor 6000 Jahren als

Grundnahrungsmittel der Inka bekannte Pseudogetreide hat nämlich seinen bei uns heimischen (Nicht-)Verwandten einiges voraus: Im Gegensatz zu den meisten Getreidesorten enthält Quinoa kein Klebereiweiß und kann darum auch den Speiseplan von Menschen mit Glutenunverträglichkeit bereichern. Außerdem stecken in den kleinen Körnern bis zu 15 Prozent Protein, sodass sie eine besonders hochwertige pflanzliche Proteinquelle darstellen. Eine proteinreiche Ernährung in Kombination mit dem richtigen Training begünstigt den Muskelaufbau. Und wenn wir ein paar Pfund abnehmen wollen, unterstützen uns proteinreiche Mahlzeiten, weil sie für ein lang anhaltendes Sättigungsgefühl sorgen. Also: Es gibt mehr als genug Gründe für ein Speiseplan-Update mit Quinoa!

Quinoa: Die Pflanze und ihre Herkunft

Quinoa ist eine Pflanze aus der Familie der Fuchsschwanzgewächse und der Gattung der sogenannten Gänsefüße und in Südamerika beheimatet; sie wurde bereits vor 6000 Jahren in den Anden von Peru und Bolivien angebaut. Die Anbaugebiete lagen hauptsächlich in den Hochanden, in Höhen von über 4.000 Metern, wo die wichtige Nahrungspflanze Mais aufgrund des Klimas und der Bodenbeschaffenheit schon längst nicht mehr wächst. Da also kaum nahrhafte Alternativen in diesen Höhenlagen und unter so anspruchslosen Bedingungen gedeihen konnten, war Quinoa für die Inka das wichtigste Grundnahrungsmittel. Sie bezeichneten die hirsegroßen Samen als das »heilige Muttergetreide« und schätzten sie aufgrund ihrer stärkenden Eigenschaften.

Verwendet wurden sowohl die senfkorngroßen Samen als auch die Blätter der Pflanze, und zwar nicht nur als mineralstoffreiches Nahrungsmittel, sondern häufig auch als Arznei bei zahlrei-

chen Beschwerden. Neben der gesunden und heilsamen Wirkung wurden Quinoa auch magische Kräfte zugesprochen, weshalb die Inka die Körnerpflanze oft in Ritualen einsetzten.

Im Zuge ihrer Eroberung des Inkareichs machten die Spanier im 16. Jahrhundert zwar mit Quinoa Bekanntschaft, verboten allerdings ihren weiteren Anbau – die Pflanze galt ihnen wegen ihrer Nutzung bei religiösen Zeremonien als »unchristlich«. Die indigene Bevölkerung musste nun Weizen anbauen. Quinoa blieb also – besonders in Europa – lange unbekannt und wurde erst um 1990 als Superfood und Alternative für Getreide neu entdeckt. Es verging mehr als ein weiteres Jahrzehnt, bis Bolivien, heute noch der Hauptproduzent des uralten Nahrungsmittels, mit dem Export in die USA begann. Viele Entwicklungsprojekte fördern den Anbau der nährstoffreichen Pflanze, unter anderem auch, weil die Nachfrage stetig steigt. Das Jahr 2013 wurde vom Generalsekretär der Vereinten Nationen sogar zum »Jahr der Quinoa« erklärt.

Quinoa selbst angebaut

Quinoa-Pflanzen können wir selbst im Garten oder auf dem Balkon ziehen.

Was wir dazu benötigen:

- Quinoa-Körner
- eine kleine Blumenschale
- größere Töpfe und nach Bedarf Gartenblumentöpfe
- Wasserzerstäuber
- Blumenerde

So geht's:

Zwischen Januar und März ist die beste Zeit für die Aussaat. Dazu brauchen wir nur einige wenige Quinoa-Samen, da sie relativ gut aufgehen. Man kann rote, weiße oder schwarze Körner verwenden.

Zunächst eine kleine Blumenschale mit Blumenerde füllen. Dann die Samen gut verteilen, leicht andrücken und zum Keimen an einen warmen, sonnigen Platz stellen.

Die Pflanze ist relativ anspruchslos und braucht in der Regel nicht viel, um gut zu gedeihen. Wichtig ist es allerdings, dass die Erde nicht zu feucht ist, aber auch nicht austrocknet. Deswegen ist regelmäßiges Anfeuchten mit einem Wasserzerstäuber nötig.

Wenn die Keimlinge eine Größe von 4 Zentimetern erreicht haben, können sie in größere Töpfe umgesetzt werden. Beim Umtopfen wird jeder seine eigenen Tricks haben. Ein kleiner Tipp: Mit einem Zahnstocher Löcher in die Erde drücken und die Wurzeln der Pflänzchen darin eingraben. Danach wie vorher warm und sonnig platzieren und regelmäßig anfeuchten.

Wenn die Nachtfrostzeit vorbei ist, können die Quinoa-Pflanzen auch in den Garten versetzt werden. Dazu nach Bedarf in größere Gartenblumentöpfe umsetzen.

Das Gänsefußgewächs ist extreme Witterungen gewohnt und deshalb relativ unkompliziert. Kalte Frühlingsnächte sind für die einjährige Pflanze kein Problem.

In Mitteleuropa wird die Quinoa-Pflanze im April gesät und erreicht eine Wuchshöhe von 50–200 Zentimetern. Zur Reife verliert sie ihre rautenförmigen, dicklichen Blätter und bildet ihre wertvollen Samen (auch einsamige Nüsschen genannt). Im September werden die Quinoa-Samen dann geerntet.

Achtung: Die Samen enthalten Saponine und müssen daher vor der Verarbeitung gründlich gewaschen werden; siehe Kapitel »Wie wird Quinoa zubereitet?«.

Sorten

Quinoa wird hauptsächlich in Bolivien, Peru und Ecuador angebaut. Weitere Anbauländer sind Chile, Argentinien und Brasilien. Es gibt bis zu 120 verschiedene Arten, die sich in 1800 unterschiedliche Sorten unterteilen. Je nachdem, wo die Pflanze wächst, unterscheiden sich ihre Samen in der Farbe. Von grau zu gelb über lila, grün, rosa, rot oder schwarz und sogar Nuancen dazwischen – unglaublich, welche Farbvielfalt das Pseu-

dogetreide zeigt. Bisher dürfen wir uns hierzulande über die drei Typen freuen, die am häufigsten angebaut werden – und das reicht für einen bunten Teller Gesundheit!

Weiße Quinoa

Die weiße Quinoa ist die bekannteste Sorte und mittlerweile auch in gut sortierten Supermärkten zu finden. Im Zweifelsfall aber in jedem Bioladen. Die Farbe der klitzekleinen Samen liegt irgendwo zwischen perlweiß, gold und gelb, weshalb weiße Quinoa auch manchmal gelbe Quinoa genannt wird. Der Geschmack ist sehr dezent und leicht nussig. Aufgrund der geringen Bissfestigkeit ist diese Sorte die perfekte Alternative zu Reis. Ansonsten passt der milde Geschmack zu jeder Mahlzeit und Speise, von herzhaft bis süß.

Rote Quinoa

Unter Inka-Kriegern galt rote Quinoa als der Energie- und Kraftlieferant schlechthin. Ihr Geschmack ist erdig und pikant. Die Farbnuancen sind orange bis bräunlich rot. Obwohl sie nach dem Kochen etwas an Farbe verliert, ist sie immer noch ein absoluter Hingucker auf jedem Teller. Rote Quinoa ist bissfester als die weiße Sorte und man verwendet sie z.B. in Salaten, Pfannengerichten oder Füllungen.

Schwarze Quinoa

Schwarze Quinoa ist noch immer relativ unbekannt, weil sie später in den Handel kam als die anderen Sorten. Aus diesem

Grund ist sie auch nicht in jedem Lebensmittelgeschäft oder Bioladen zu finden. Es handelt sich hierbei um eine Kreuzung aus Quinoa-Samen mit Baumspinat, einer anderen essbaren Gänsefußart. Wie die rote Quinoa ist sie im Vergleich zur weißen viel bissfester und im Geschmack erdig, was sie zur perfekten Beilage zu herzhaften Gerichten macht, aber auch in Kombination mit süßem Obst und Currygerichten sehr lecker schmeckt. Die kräftige schwarze Farbe bleibt nach dem Kochen erhalten – ein wunderbarer Kontrast etwa zu grünem Gemüse.

Regenbogen-Quinoa

Das ist keine Sorte, sondern eine Mischung von weißen, roten und schwarzen Quinoa-Körnchen. Angeboten wird Regenbogen-Quinoa auch als »bunte Quinoa«. Da Quinoa oft in durchsichtigen Tüten verpackt ist, kann man die Mischung beim Einkaufen auf den ersten Blick entdecken. Die Regenbogen-Quinoa wird aufgrund ihrer Farbvielfalt gern verwendet. Schließlich isst das Auge mit!

Der Nährstoffgehalt der drei Sorten ist größtenteils gleich mit nur ein paar kleinen Unterschieden. So hat rote Quinoa beispielsweise einen etwas höheren Anteil an Phenolverbindungen, die das Immunsystem stärken. Alle drei Sorten sind absolute Nährstoffgiganten. Bei der Wahl der richtigen Sorte kommt es auf das Gericht und den persönlichen Geschmack an. Ausprobieren heißt die Devise!

Die Alternative zu Reis, Nudeln & Co.

Perureis, Inkareis und Inkaweizen – es gibt viele Bezeichnungen für die älteste Kulturpflanze der Menschheit. Häufig wird Quinoa ein »Pseudogetreide« genannt, weil die Samen an Getreidekörner erinnern und als Ersatz zum Beispiel für Weizen verwendet werden können. Obwohl die Quinoa-Pflanze vom Volk der Inka als »Muttergetreide« bezeichnet wurde, gehört sie, wie schon erwähnt, botanisch zur Gattung der Gänsefüße (Chenopodium-Arten). Umso besser!

Schließlich stecken die kleinen Powersamen voller lebenswichtiger Nährstoffe und haben gegenüber herkömmlichen Getreidearten, aus denen auch Nudeln und Co. üblicherweise hergestellt werden, in Sachen Gesundheit deutlich die Nase vorn.

So liefern 100 g Quinoa rund 8 mg Eisen und damit viel mehr als jedes Getreide, Hirse ausgenommen. Andere lebenswichtige Mineralstoffe und Spurenelemente sind ebenfalls überdurchschnittlich vorhanden. Beispielsweise steckt in 100 g Quinoa viermal mehr Magnesium und achtmal mehr Kalium als im Reis. So macht es Quinoa möglich, mit nur 100 g der kleinen Körnchen bis zur Hälfte des Tagesbedarfs an Mangan, Eisen und Magnesium zu decken.

Ein paar wichtige Nährwerte im Vergleich

100 g Quinoa:
12–14 g Protein
275 mg Magnesium
320 mg Phosphor
800 mg Kalium
3,50 mg Zink
124 mg Calcium

100 g Reis (parboiled):
7–12 g Protein
64 mg Magnesium
120 mg Phosphor
103 mg Kalium
0,50 mg Zink
24 mg Calcium

100 Vollkornnudeln (ohne Ei):
12,5 g Protein
75 mg Magnesium
265 mg Phosphor
103 mg Kalium
2 mg Zink
33 mg Calcium

Quinoa und Couscous im Vergleich

Couscous hat in der arabischen Küche einen hohen Stellenwert und erfreut sich inzwischen auch bei uns großer Beliebtheit. Nicht nur Veganer und Vegetarier schwören auf die kleinen goldgelben Kügelchen, die aus Weizen-, Gerste- oder Hirsegrieß gewonnen werden. Auch unter Fitness-Fans sind sie als besonders gesundes Getreide bekannt. Ob als Beilage zu Hauptgerichten oder im Salat: Couscous ist wie Quinoa vielfältig einsetzbar. In Sachen Nährwerte jedoch liegt Quinoa auch im Vergleich zu Couscous ganz weit vorn. Das Verhältnis der Ballaststoffe ist 1,3 zu

4,4. Außerdem liefert Quinoa mehr Protein und ungefähr die neunfache Menge an Magnesium.

100 g Couscous:
8–10 g Protein
30 g Magnesium
58 mg Kalium
1,4 mg Zink
16 mg Calcium

Die Angaben können je nach Sorte schwanken. Vollkorn-Couscous hat etwas höhere Nährwerte als heller Couscous. Trotzdem ist Quinoa auf jeden Fall die bessere Wahl für Gesundheits- und Fitnessbewusste. Was die Kalorien angeht, sind sich Couscous mit 349 kcal und Quinoa mit 355 kcal sehr ähnlich. Bei ungefähr der gleichen Menge an Kohlenhydraten liegt der glykämische Index von Quinoa aber bei lediglich 35, während Couscous einen Wert von 65 aufweist. Die komplexen Kohlenhydrate, die in Quinoa stecken, können viel besser verwertet werden.

Sie heben den Blutzuckerspiegel sanft an und machen lange satt.

Bulgur versus Quinoa

Wie Couscous wird auch Bulgur aus Hartweizengrieß hergestellt. Seine gelblichen Körner sind etwas größer, aber sehr ähnlich im Geschmack und in der Zubereitung. Aber auch der »große Bruder« kann die kleinen Quinoa-Samen nicht übertrumpfen. Zwar ist der glykämische Index von Bulgur mit 48 deutlich niedriger als der von Couscous, aber immer noch um einiges höher als der von Quinoa. Pro 100 Gramm liefert Bulgur rund 8 Gramm Protein – damit ist Quinoa eindeutig die bessere pflanzliche Proteinquelle. Außerdem punkten die Powerkörner mit der doppelten Menge Magnesium und der vierfachen Menge Calcium.

100 g Bulgur:
8 g Protein
140 g Magnesium
262 mg Kalium
3 mg Zink
30 mg Calcium
319 mg Phosphor

Was steckt noch in Quinoa?

Fette

Unsere Gesellschaft ist auf Fette im Allgemeinen nicht gut zu sprechen. Allerdings braucht der menschliche Körper eine bestimmte Menge an Fetten, um gesund zu bleiben. Sportler und Fitness-Fans dürften wissen, dass Fette für den Stoffwechsel und die Energiebereitstellung bei Muskelleistungen sehr wichtig sind. Allerdings sollte man seinem Körper nicht ein beliebiges Fett zuführen, sondern eines mit einem hohen Anteil an hochwertigen, ungesättigten Fettsäuren. Quinoa ist dafür der ideale Lieferant. In der geringen Menge Fett, die das Inkakorn enthält, stecken über 70 Prozent »gute« Fette, die den Körper unter anderem mit Omega-3-Fettsäuren und Linolensäure versorgen. Diese Fettsäuren sind bekannt für ihre positive Wirkung bei Entzündungsprozessen oder virenbedingten Erkrankungen. Wer Quinoa in den Speiseplan integriert, unterstützt außerdem sein Herz-Kreislauf-System.

Ballaststoffe

Ballaststoffe regulieren unsere Verdauung und sind für eine gesunde Ernährung sehr wichtig. Als Quell- und Füllstoffe können sie Wasser binden und dafür sorgen, dass der Stuhl besser ausgeschieden wird. Ein Mangel an hochwertigen Ballaststoffen kann im schlimmsten Fall zu Verstopfung führen. Man kann davon ausgehen, dass unser Körper bei einer normalen Ernährung optimal versorgt ist – aber kaum jemand kommt auf die empfohlene Tagesdosis. Das liegt hauptsächlich daran, dass zu viele Fertig- und Weißmehlprodukte gegessen werden, die kaum hochwertige Ballaststoffe liefern. Auf Dauer können solche Mangelzustände zu hohem Blutdruck und Folgeerkrankungen wie Diabetes führen.

Dem kann man mit Quinoa entgegenwirken! Im Gegensatz zu Reis oder Weizen besticht Quinoa nämlich durch einen besonders hohen Anteil an wertvollen Ballaststoffen. Mit einer 100-Gramm-Portion Quinoa kann man bereits 50 Prozent der täglich empfohlenen Menge an Ballaststoffen decken. Die in Quinoa enthaltenen Ballaststoffe sind überwiegend löslich. Dadurch wirken sie besonders effektiv und können wieder ausgeschieden werden, sobald sie ihren verdauungsregulierenden Zweck erfüllt haben.

Das ist für den Körper wesentlich gesünder als nicht lösliche Ballaststoffe, die schlecht verwertet werden. Außerdem haben die kleinen Helfer gleich eine zweifache Wirkung auf das Wohlbefinden. Zum einen sind sie Nahrungsgrundlage für »gute« Darmbakterien und wirken sich somit positiv auf die Darmflora aus, was für ein funktionierendes Immunsystem ungemein wichtig ist. Zum anderen senken sie den Blutzuckerspiegel und sorgen für ein lang anhaltendes Sättigungsgefühl.

Mangan und Kupfer

Quinoa verfügt über einen außerordentlich reichen Gehalt an Mangan und Kupfer. Beide Mineralien sind für die Bildung eines Enzyms zuständig, das die Körperzellen vor Oxidationsprozessen bewahrt und rote Blutkörperchen vor freien Radikalen schützt. Während Kupfer darüber hinaus einen wichtigen Bestandteil der Abwehrzellen bildet, ist Mangan für gesunde Knochen, ein starkes Bindegewebe und einen optimalen Stoffwechsel wichtig. Außerdem werden mit Mangan Kohlenhydrate effizienter abgebaut, was sich positiv auf das Gewicht auswirken und bei einer Abnehmkur unterstützend wirken kann. Rund ein Drittel der empfohlenen Tagesdosis an Mangan und Kupfer werden schon mit 100 g Quinoa abgedeckt.

Antioxidantien

Antioxidantien sind in der Lage, schädliche freie Radikale einzufangen und unsere Zellen so vor Degenerationen zu bewahren. So leisten sie einen erheblichen Beitrag bei der Verlangsamung des Alterungsprozesses und entpuppen sich als echtes Anti-Aging-Wunder. Heutzutage sind Antioxidantien wichtiger denn je: Schließlich sind wir im Alltag stetig negativen Umwelteinflüssen, wie Stress und Luftverschmutzung, ausgesetzt und entsprechend besonders intensiv auf die wertvollen Radikalfänger angewiesen. Mit Quinoa im Speiseplan lassen sich unsere Antioxidantien-Depots schnell wieder auffüllen.

Phenole

Laut einer Studie der Universität Foggia in Italien ist Quinoa eine der besten Quellen für Phenole. Phenole sind sekundäre Pflanzenstoffe, die antioxidativ wirken und die Zellen vor freien Radikalen schützen. Dadurch können sie den Alterungsprozess verlangsamen und der Bildung von Falten entgegenwirken.

Lysin

Besonders hervorzuheben ist die Aminosäure Lysin, weil sie für den menschlichen Organismus von großer Bedeutung ist. Sie ist für das Wachstum gesunder Gewebezellen und für die Reparatur von Körpergewebe zuständig. Ist das Bindegewebe geschädigt, kann es mithilfe von Lysin wieder aufgebaut werden. Außerdem sorgt diese besondere Aminosäure für gute Laune und eine stabile Psyche, weil sie den Serotoninspiegel ausgleicht. Leider findet sich dieses kleine Wundermittel in sehr wenigen Lebensmitteln. Umso erfreulicher ist es, dass in Quinoa ausreichende Mengen an Lysin stecken.

Inhaltsstoffe, die insbesondere für Veganer und Vegetarier wichtig sind

B-Vitamine

Jeder, der sich bewusst entschieden hat, auf Fleisch oder insgesamt auf tierische Produkte zu verzichten, wird sich sicherlich schon einmal mit B-Vitaminen auseinandergesetzt haben.

Vor allem Vitamin B_{12} und B_2 sind immer wieder Thema im Zusammenhang mit fleischloser Ernährung, denn sie stecken zum Großteil in tierischen Produkten wie Milch, Käse, Fisch oder Fleisch. Deshalb ist es gerade für Veganer und Vegetarier oft schwierig, auf die empfohlene Tagesdosis zu kommen.

Doch selbst bei Fleischverzehr kann ein durch Fehlernährung bedingter Mangel an B-Vitaminen entstehen: Zu viel Zucker, Kohlenhydrate aus Weißmehlprodukten und regelmäßiger Konsum von Genussmitteln wie Kaffee, Alkohol oder Nikotin führen zu Mangelzuständen.

Vitamin B_2 (Riboflavin) ist sehr wichtig für eine optimale Sauerstoffversorgung der Körperzellen und kann nicht einfach weggelassen werden. Deshalb ist es gerade für Menschen mit einem erhöhten Bedarf von großer Bedeutung, gute Vitamin-B_2-Quellen in den täglichen Speiseplan zu integrieren. Eine dieser guten Vitamin-B_2-Quellen ist Quinoa! In den Samen steckt doppelt so viel Vitamin B_2 wie in Weizen oder Hafer, und im Vergleich zu Reis ist Quinoa mit der siebenfachen Menge ein Vitamin-B_2-Gigant.

Quinoa enthält außerdem Folsäure (Vitamin B_9), Vitamin B_6 und weitere B-Vitamine wie Niacin (B_3) und Thiamin (Vitamin B_1). Dieser Mineralien- und Vitaminreichtum unterstützt nicht nur unsere Gesundheit. Auch unserer natürlichen Schönheit kann Quinoa auf die Sprünge helfen. Wer auf natürliches Anti-Aging setzt, ist mit Quinoa auf dem Speiseplan auf der richtigen Seite.

Zusatzinfo für Migräneanfällige: Vitamin B_2 verbessert die Energieproduktion innerhalb der Zellen und ist förderlich für den Energiestoffwechsel im Gehirn und in den Muskelzellen – eine Eigenschaft, die sich bei Migräne als sehr schmerzlindernd erwiesen hat.

Nicht nur aufgrund seines Vitamin-B_2-Gehalts gilt Quinoa als ein kleines Migräne-Wundermittel, denn sie ist auch ein hervorragender Magnesiumlieferant. Das Mineral entspannt die Blutgefäße und beugt somit Gefäßverengungen vor, die für Migräne und andere Kopfschmerzen typisch sind. Deshalb ist es von Vorteil, täglich auf eine ausreichende Magnesiumzufuhr zu achten, um einem Mangel vorzubeugen. Quinoa enthält 70 Prozent mehr Magnesium als Weizen und Roggen. Migräneanfällige berichten, dass sie beim regelmäßigen Verzehr von Quinoa viel seltener Schmerzattacken haben.

Studien der britischen Newcastle University zufolge werden Migräneattacken häufig durch einen Tryptophan-Mangel ausgelöst. Triyptophan ist eine essenzielle Aminosäure, die dem Körper über die Nahrung zugeführt wird. Quinoa enthält mehr Tryptophan als andere Getreidesorten.

Zudem liefert Quinoa ausreichend Magnesium, Mangan, Zink, B- und C-Vitamine und Omega-3-Fettsäuren. Diese Kombination von Nährstoffen benötigt der Körper für die Tryptophansynthese, bei der die Hormone Serotonin und Melatonin gebildet werden. Sie regulieren zahlreiche Prozesse im menschlichen

Organismus, zum Beispiel die Schmerz-wahrnehmung.

Somit kann der regelmäßige Verzehr von Quinoa nicht nur die Häufigkeit der Schmerzattacken minimieren, sondern auch das Schmerzempfinden positiv be-einflussen.

Proteine (Eiweiß)

Pflanzliche Proteinquellen sind für Veganer und Vegetarier äußerst wichtig. Wer immer noch auf der Suche nach der pflanzlichen Proteinquelle schlechthin ist: Voilà! – denn je nach Sorte stecken 12 bis 15 Prozent Protein in den kleinen Powerkörnern.

Das Quinoa-Eiweiß ist besonders wert-voll, weil es alle acht für den Menschen essenziellen Aminosäuren enthält. Für ein pflanzliches Nahrungsmittel ist das sehr ungewöhnlich.

Lebensnotwendige, essenzielle Amino-säuren können vom menschlichen Kör-per nicht selbst hergestellt werden und müssen entsprechend täglich in Form von Nahrungsproteinen zugeführt wer-den. Besonders wichtig ist das nicht nur für Muskel- und Geweberegeneration und auch- aufbau, sondern für fast alle lebenswichtigen Vorgänge im Körper.

Die gesundheitlichen Vorteile von pflanz-lichen gegenüber tierischen Proteinquel-len überzeugen zunehmend auch Sport-ler und Fitnessbegeisterte: Sie enthalten weniger schwefelhaltige Aminosäuren, die das Blut und den Körper übersäuern, sie senken das Osteoporoserisiko und stecken nebenbei voller Nährstoffe, die so im Fleisch nicht enthalten sind.

Biologische Wertigkeit von Quinoa-Eiweiß: Die biologische Wertigkeit ist ein Maß dafür, wie effektiv die Proteine aus Lebensmitteln in körpereigene Proteine umgewandelt werden können. Da Protei-ne aus Aminosäuren bestehen, kommt es dabei auf die Ähnlichkeit der Amino-säurezusammensetzung an. Je mehr die Zusammensetzung der Nahrungsprotei-ne der der Körperproteine entspricht, desto höher ist die biologische Wertigkeit eines Nahrungsmittels. Je höher die bio-logische Wertigkeit eines Lebensmittels, desto weniger muss man davon essen, um optimal mit Proteinen versorgt zu sein. Als Vergleichswert dient hierbei die biologische Wertigkeit von Vollei, die 100 entspricht, weil das Protein von Ei dem menschlichen Protein am ähnlichs-ten ist. Die biologische Wertigkeit von Quinoa liegt bei 83. Andere Getreide-sorten weisen Werte zwischen 60 und 70 auf; ihre biologische Wertigkeit ist deshalb begrenzt, weil sie unter ande-rem viel weniger Aminosäuren (insbe-sondere Lysin, Methionin und Trypto-phan) enthalten als Quinoa. Da sich Aminosäuren aber ergänzen, werden Le-bensmittel mit einer geringen Wertigkeit mithilfe von Quinoa aufgewertet. So kann man Mahlzeiten mit Quinoa biologisch hochwertiger kombinieren.

Die besten veganen Proteinquellen neben Quinoa

Gerade für Veganer ist eine ausgewoge-ne Ernährung mit verschiedenen pflanz-lichen Proteinquellen sehr wichtig. Wer Quinoa in den Speiseplan integriert und auch mal mit folgenden Eiweißlieferanten kombiniert, ist vor einer Proteinunterversorgung bestens geschützt.

Chia-Samen

Chia-Samen gelten nicht nur unter Fitness-Fans und Veganern als eines der besten Superfoods und das zu Recht! Sie sind vegane Alleskönner und liefern nicht nur die doppelte Menge Protein wie andere Samen, sondern auch fünfmal so viel Calcium wie Milch. Außerdem machen sie lange satt und beugen somit Heißhungerattacken vor. Ob als Müslizusatz, als Pudding oder im Smoothie – es gibt zahlreiche gesunde Rezepte mit Chia-Samen (siehe *Chia for fit*, Riva Verlag, 2016).

Linsen

Gerade wer sich vegan ernährt, sollte auf Linsen setzen! Denn die bunten Hülsenfrüchte haben je nach Sorte bis zu 22 Prozent Proteinanteil und liefern somit pro Esslöffel 8 Gramm Protein. Das Beste: Linsen haben einen gerin-

gen Fettgehalt und sind sehr kalorienarm! Ob im Eintopf oder als Beilage: Linsen lassen sich vielfältig zubereiten und gut mit Quinoa kombinieren.

Nüsse

Nüsse sind eine sagenhafte Powerquelle! Sie stecken voller guter Fette und sind sehr eiweißreich. Erdnüsse zum Beispiel enthalten pro 100 Gramm rund 25 Gramm Protein. Eine gute Handvoll Mandeln liefert 6 Gramm Protein. Das Tolle daran ist, dass man Nüsse zwischendurch und jederzeit als veganen Snack genießen kann. Auch als Topping im Müsli oder in Quinoa-Gerichten machen sie sich hervorragend.

Tofu lässt sich jede Speise perfekt abrunden. Wer es etwas stärker im Geschmack mag, greift zu der geräucherten Variante oder probiert gewürzten Tofu mit Kräutern oder Oliven. Auch im Sommer müssen Veganer nicht auf Gegrilltes verzichten, denn mittlerweile gibt es zahlreiche schmackhafte Tofuprodukte wie Würstchen und Nuggets.

Sojamilch und Sojajoghurt

Sojamilch und Sojajoghurt haben sich als vegane Alternativen zu Milchprodukten etabliert. Sie sind hervorragende Eiweiß- und Nährstofflieferanten und vor allem unter Fitness-Fans sehr beliebt. Im Vergleich zu Milch enthalten sie nämlich nur etwa die halbe Menge an Kohlenhydraten und Fetten. Und: Sojamilchprodukte sind im Gegensatz zu Milchprodukten cholesterinfrei!

Tofu

Mit 17 Gramm Protein pro 100 Gramm ist Tofu nicht nur eine perfekte Proteinquelle, sondern auch ein hervorragender Fleischersatz. Ob im Salat oder als Beilage in einem Quinoa-Gericht – mit

Haferflocken

Proteinboost schon am frühen Morgen gefällig? Dann ran an die Haferflocken! Klein im Preis, groß in der Wirkung. Haferflocken haben einen Proteinanteil von 15 Prozent. Ob als Porridge oder in Sojajoghurt gemischt – mit Haferflocken startet man gut in den Tag und ist außerdem gut mit B-Vitaminen versorgt.

Amarant

Amarant gesellt sich zu Quinoa und Chia als Superfood schlechthin. Es steckt voller Vitamine und Spurenelemente und hat einen Proteingehalt von

16 Gramm. Das Powerkorn ist zwar etwas kleiner als die Quinoa-Samen, aber dafür hat es einen ähnlich hohen Anteil an Lysin. In der Küche wird es wie Quinoa als schmackhafte Beilage, als bissfester Bestandteil von Salaten oder auch in Backwaren verwendet.

Lupinenmehl

Lupinenmehl strotzt nur so vor Protein. Ähnlich wie Hanf hat es einen Proteingehalt von ungefähr 40 Gramm pro 100 Gramm und enthält alle acht essenziellen Aminosäuren. Das Mehl ist unter Sportlern sehr beliebt, da es eine hervorragende pflanzliche Proteinquelle in Protein-Shakes darstellt. Es ist basisch und kalorienarm. Wer den Proteingehalt erhöhen und den Kohlenhydratgehalt von Backwaren senken will, sollte die Rezepte mit Lupinenmehl aufwerten.

Hanf

Hanf ist mit um die 40 Gramm Protein pro 100 Gramm ein absoluter Gewinner unter den Proteinlieferanten. Hanfproteine sind biologisch hochwertige Proteine, weil sie nahezu alle Kriterien erfüllen, die man sich von Nahrungsproteinen wünscht. Hanf kann nicht nur alle essenziellen Aminosäuren aufbieten, sondern liefert darüber hinaus auch noch jede Menge wertvolle Nährstoffe und Vitamine. Als Hanfsamen oder Hanfpulver in Biomärkten erhältlich, findet es vielfältige Verwendung in der Küche. Ob in Brotteig untergemischt, in Shakes gemixt oder als Müsli-Topping: Hanf ist nicht nur für Veganer die perfekte Nahrungsergänzung.

Quinoa als Abnehmhelfer

Gute Kohlenhydrate, die lange satt machen

Ja, es gibt sie, die »schlechten« und die »guten« Kohlenhydrate. Ähnlich wie die gesunden und eher ungesunden Fette. Einfache Kohlenhydrate zum Beispiel, die in Zucker enthalten sind, verbraucht der Körper sehr schnell. Genauso verhält es sich mit Kohlenhydraten aus Weißbrot und anderen Weißmehlprodukten. Es mag schmecken und zunächst das Hungergefühl befriedigen, aber dieser Effekt hält nicht lange an. Jede Naschkatze weiß, dass gewöhnliche Schokoriegel oder Backwaren nur kurz glücklich und satt machen. Genau darin liegt der Unterschied! Quinoa enthält, im Gegensatz zu Weizenmehl oder Süßigkeiten, komplexe Kohlenhydrate. Diese zeichnen sich dadurch aus, dass sie während des Verdauungsvorgangs erst aufgespalten werden müssen. Die Energie wird dem Körper nicht nur kurz »vorgetäuscht«, sondern tatsächlich geliefert, weil die Glukose, die bei der Aufspaltung entsteht, vom Körper zwar langsam, aber sehr gut aufgenommen und verwertet wird. Das gibt Kraft und hinterlässt ein langes Sättigungsgefühl, Heißhungerattacken bleiben aus. Nicht umsonst wurde Quinoa von den Inka als »Quelle der großen Energie« bezeichnet.

Niedriger glykämischer Index

Noch eine gute Nachricht: Die komplexen Kohlenhydrate, die Quinoa liefert, haben einen niedrigen glykämischen Index (GI). Der glykämische Index ist ein Maß für die Blutzuckerwirksamkeit von Lebensmitteln mit Kohlenhydraten. Aus neuesten Studien geht hervor, dass ein niedriger GI bei Lebensmitteln entscheidend ist, wenn man sein Gewicht halten oder nachhaltig reduzieren will. Warum? Lebensmittel mit einem hohen GI wie zum Beispiel Weißmehlprodukte führen zu einem schnellen, starken Anstieg des Blutzuckerspiegels. Das hat eine erhöhte Ausschüttung von Insulin zur Folge, was die Aufnahme von Glukose in Muskel- und Fettzellen anregt. Das bedeutet: Fettspeicherung! Nach kurzer Zeit sinkt der Blutzuckerspiegel wieder und fällt sogar unter den Normalzustand. Die Folgen sind nicht nur Heißhungerattacken, sondern Unterzuckerung.

Darauf kann der Körper mit einer Vielzahl an unangenehmen Symptomen reagieren, die von Konzentrations- über Seh- bis hin zu Koordinationsstörungen, Muskelzittern, Kopfschmerzen und Herzrasen reichen. Genau wie Weißmehl haben die meisten Getreidesorten einen besonders hohen GI. Der Großteil von ihnen bringt es auf einen glykämischen Index von über 50. Da ist Quinoa mit einem GI von 35 klar im Vorteil.

Nährwerte der Rezepte im Buch

Wenn Sie mit den Gerichten aus diesem Buch abnehmen möchten, helfen Ihnen dabei die Nährwerte, die Sie bei jedem Rezept finden. Kcal steht dabei für Kilokalorien, KH für Kohlenhydrate, P für Protein und F für Fett.

Quinoa: »Die Mutter aller Körner«

Quinoa wurde vom Volk der Inka nicht umsonst als »die Mutter aller Körner« bezeichnet, denn sie weist eine ganze Fülle an hochwertigen Nähr- und Inhaltsstoffen auf, die für die Gesundheit unerlässlich sind. Vor allem Nährstoffe, die sich in vergleichbaren Mengen in kaum einem anderen Lebensmittel finden, und solche, die sich bei Ernährung ohne tierische Produkte kaum ergänzen lassen. Keine Getreidesorte kann hinsichtlich der Wertigkeit und der einzigartigen Kombination der Inhaltsstoffe mit Quinoa mithalten.

Zudem liefert Quinoa aufgrund ihrer komplexen Kohlenhydrate viel Energie und sättigt lange bei einem vergleichsweise niedrigen GI. Das Pseudogetreide ist außerdem glutenfrei und eine sehr hochwertige pflanzliche Proteinquelle. Das macht Quinoa zu einem perfekten Grundnahrungsmittel für:

- eine gesunde, ausgewogene Ernährung
- eine nachhaltige Diät ohne Jojo-Effekt
- eine Ernährungsumstellung bei Glutenunverträglichkeit
- Veganer und Vegetarier
- eine eiweißreiche Ernährung für Sportler

Auf einen Blick: Die Gesundheitsvorteile von Quinoa

Mit Quinoa auf dem Speiseplan kann man:

- die Leistungsfähigkeit steigern
- Stoffwechselprobleme und Übergewicht regulieren
- den Stoffwechsel anregen und entschlacken
- Gefäßverengungen vorbeugen und somit Migräneattacken lindern
- Osteoporose vorbeugen
- Cholesterinwerte verbessern
- Vitamin- und Nährstoffmängel verhindern oder ausgleichen
- das Bindegewebe stärken

WICHTIG: Quinoa enthält viele Saponine. Das sind natürliche Bitterstoffe, die zu Unverträglichkeiten führen können. Deshalb muss Quinoa immer gründlich gewaschen werden! Außerdem sollten Kleinkinder kein Quinoa auf dem Speiseplan haben. Ernährungsexperten empfehlen den Verzehr erst ab zwei Jahren.

Welche Quinoa-Produkte gibt es?

Quinoa-Samen

Die aus der Quinoa-Pflanze gewonnenen Samen sind Ausgangsprodukt für alle anderen essbaren Quinoa-Produkte. Sie werden direkt nach der Ernte bei maximal 40 Grad Celsius getrocknet, um Qualitätsverluste zu vermeiden.

Bei uns im Handel sind die Samen dann getrocknet, geschält und verzehrfertig erhältlich. Im ungeschälten Zustand wären sie ungenießbar. Der Rest der Quinoa-Pflanze wird zum Teil in der Pharmaindustrie, für Körperpflegeprodukte und in der Faserherstellung verwertet.

Neben den Samen sind auch die Blätter der Quinoa-Pflanze essbar. Sie sind bei uns im Handel kaum erhältlich, doch wer selbst eine Pflanze zieht, kann die außen grünen und innen purpurroten Blätter für Salate oder Gemüsezubereitungen verwenden. In Südamerika kamen sie schon immer in den Kochtopf.

Quinoa-Flocken

Aus den Quinoa-Samen werden Quinoa-Flocken hergestellt, die sich bestens als Frühstücksflocken eignen. Entweder im Müsli oder als Porridge. Quinoa-Flocken sind außerdem die gesunde Variante zum Panieren von Fisch, Fleisch und Gemüse. Man kann die Flocken auch in der Pfanne ohne Öl oder Butter rösten und als Crunchy Topping für beispielsweise Salate oder Joghurt- und Quarkspeisen verwenden.

Quinoa-Mehl

Quinoa-Mehl hat einen leicht nussigen Geschmack und ist die perfekte Alternative für Menschen, die an einer Glutenunverträglichkeit leiden und trotzdem nicht auf köstliche Backwaren verzichten wollen. Quinoa-Mehl kann man aber nicht 1:1 anstatt eines herkömmlichen Mehls verwenden, denn das in Weizenmehl, Dinkelmehl usw. enthaltene Klebereiweiß (Gluten) dient als nötiges Bindemittel. Mehr dazu im Abschnitt »Glutenfreies Backen mit Quinoa«, S. 28.

Quinoa-Mehl ist in Bio-Märkten erhältlich. Wer aber in der Küche gern experimentiert und Neues ausprobiert, kann Quinoa-Mehl ganz leicht selbst herstellen. Dazu braucht man eine Getreide-, Kaffee- oder Gewürzmühle und Quinoa-Samen.

Quinoa-Mehl selbst herstellen

1. Zunächst werden zwei Tassen Quinoa-Samen in einem feinen Sieb gründlich durchgewaschen, um die Saponine zu entfernen.
2. Die Quinoa-Samen gut abtropfen lassen und auf einem Backblech mit Rand verteilen. Achtung: Das Backblech bitte nicht fetten, sondern z. B. Backpapier verwenden.
3. Das Backblech mit den Quinoa-Samen in den Ofen schieben und diese bei 180 Grad für 12 bis 15 Minuten backen. Die Quinoa-Samen sind fertig, wenn sie duften, trocken und knusprig gold gebacken sind. So

erhält das Quinoa-Mehl auch ein leichtes Röstaroma.

4. Die gebackenen Samen aus dem Ofen nehmen und gut auskühlen lassen.

5. Erst wenn die Quinoa-Samen vollständig abgekühlt sind, ¼ Tasse in die Kaffee-, Gewürz- oder Getreidemühle geben und so lange mahlen, bis eine pulverige, feine Konsistenz erreicht ist.

6. Dann das nächste Viertel mahlen.

7. So nach und nach alle Quinoa-Samen fein mahlen, bis alle zwei Tassen verbraucht sind.

Man sollte nicht mehr oder alles auf einmal in die Mühle geben, da das Mehl sonst zu grobkörnig wird.

Kühl und trocken gelagert, hält das Mehl bis zu sechs Monate. Gefroren kann es sogar bis zu einem Jahr haltbar bleiben.

Quinoa gepufft

Die köstlichen kleinen Körnchen gibt es auch gepufft. Luftig-leicht und fein röstig mit nussigem Geschmack runden sie jedes Müsli perfekt ab. Gut geeignet ist gepuffte Quinoa auch als Topping in Joghurtspeisen oder auch für Gebäck und in süßen Aufläufen.

Quinoa selbst puffen:

1. Dazu einfach die Schritte 1 und 2 der Zubereitung von Quinoa-Mehl durchführen.

2. Jetzt müssen die Körner trocknen: Gut abseihen und z. B. auf einem Küchenkrepp ausbreiten. Schneller geht es im Backofen bei nur sehr geringer Hitze um die 60 Grad. Die Backofentür am besten einen Spalt offen lassen (Holzlöffel einklemmen) und die Körner immer wieder mal wenden.

3. Sobald die Quinoa-Samen trocken sind, ohne Öl in einen höheren Topf geben und sehr heiß anheizen. Die Quinoa sollte den Pfannenboden bedecken. Nun den Deckel leicht darauf legen und den Topf immer wieder schwenken, bis die Quinoa anfängt zu poppen. Das kann man hören!

Darauf achten, dass nichts anbrennt.

Wenn die Quinoa-Samen fertig gepufft sind, werden sie in eine Schüssel gegeben und nach Belieben süß oder salzig abgeschmeckt. Die selbst gepufften Quinoa werden meist etwas dunkler und knuspriger als die gepufften Quinoa-Samen aus dem Handel.

Tipp

Alle Quinoa-Produkte werden mittlerweile von vielen Supermärkten, Bioläden und auch von einigen Drogeriemärkten angeboten. Man sollte beim Einkauf allerdings darauf achten, dass die Produkte aus kontrolliertem bzw. ökologischem Anbau sind, um Schadstoffbelastungen zu vermeiden.

Wie wird Quinoa zubereitet?

Wichtig: Quinoa-Samen immer waschen!

Wie bereits erwähnt, enthält Quinoa Saponine und muss daher grundsätzlich vor dem Verzehr gut durchgespült werden. Da die Quinoa-Samen sehr klein sind, sollte unbedingt ein besonders engmaschiges Sieb zum Waschen verwendet werden; alternativ kann man auch ein Leinentuch benutzen: die gewünschte Menge Quinoa-Samen in das Sieb oder Tuch geben und gründlich unter fließendem Wasser abspülen.

Quinoa-Samen kochen

Für das Kochen von Quinoa werden die Körner in einen Topf mit doppelter bis 2,5-facher Menge kochendes Wasser gegeben und kräftig aufgekocht. Danach auf mittlere Stufe zurückstellen. Wichtig ist, den Topf mit einem Deckel zu schließen. Nach ein paar Minuten kann man die Hitze nochmals reduzieren und die Quinoa-Samen nur leicht köcheln lassen. Je nach Sorte beträgt die Kochzeit insgesamt 15 bis 20 Minuten. Weiße Quinoa ist sogar schon nach 10 bis 15 Minuten gar. Aber auch hier kann man nach Vorliebe und Geschmack die Kochzeit um etwa 5 Minuten verlängern, um eine weichere Konsistenz zu erhalten. Schwarze und rote Quinoa sollten mindestens 15 bis 20 Minuten gekocht werden. Wenn das Wasser vollständig verdunstet ist und die Quinoa-Samen leicht glasig aussehen, sind sie fertig gekocht.

Wer den nussigen Geschmack der Quinoa verstärken möchte, kann die Samen nach dem Abwaschen und Abtrocknen in einer Pfanne kurz anrösten, bevor sie in den Topf kommen. Wer noch mehr Geschmack möchte, kann außerdem Gemüsebrühe zum Kochen verwenden.

Am besten ist es, die Quinoa nach dem Kochen von der Herdplatte zu nehmen und für mindestens 10 Minuten nachquellen zu lassen. Außerdem kann Quinoa nach dem Kochen etwas klumpig aussehen. Für eine bessere Optik wird sie einfach mit einer Gabel vorsichtig aufgelockert.

Quinoa im Reiskocher zubereiten

Quinoa kann auch im Reiskocher zubereitet werden. Dazu werden die Quinoa-Samen wie gewohnt gründlich unter fließendem Wasser gewaschen. Danach werden sie zusammen mit Wasser, Salz oder Gemüsebrühe in den Reiskocher gegeben und etwa 15 Minuten gekocht. Wer eine weichere Konsistenz mag, kann die Kochzeit etwas verlängern. Der Vorteil beim Reiskocher ist, dass das Essen länger warm bleibt, ohne dass sich der Garvorgang fortsetzt.

Quinoa als Rohkost

Quinoa kann auch roh gegessen werden, z.B. in Form eines Frischkorn-Müslis. Dafür sollte man die Quinoa-Samen nach dem Waschen und Trocknen kurz schroten und über Nacht einweichen. Zum Einweichen kann man Milch oder Pflanzenmilch verwenden.

Eine weitere Möglichkeit ist die Keimung von Quinoa-Samen:

Hierzu werden die Quinoa-Samen in eine Schüssel mit reichlich Wasser gegeben. Danach rührt man die Quinoa-Körnchen langsam durch, bis sie sich am Boden absetzen. Jetzt sollte man die Körner ein paar Minuten stehen lassen, damit sich die Saponine lösen. Im Anschluss wird die obere Schicht Wassser vorsichtig abgegossen. Wenn ein paar Samen noch an der Oberfläche schwimmen, können sie mit abgegossen werden. Anschließend wird das Ganze in einem feinen Sieb unter fließendem Wasser nochmals gründlich durchgespült. Jetzt können die Quinoa-Samen mit einem Esslöffel in ein Keimglas mit Gitterdeckel gegeben und mit der dreifachen Menge Wasser aufgefüllt werden.

Die ersten vier Stunden sollte das Keimglas an einem schattigen Platz mit Zimmertemperatur stehen. Dann wird das Wasser abgegossen und das Glas mit frischem Wasser erneut aufgefüllt. Während man das Keimglas leicht schwenkt, lässt man das frische Wasser langsam durch den Gitterdeckel abfließen. Da Quinoa ein Lichtkeimer ist, wird das Glas nun gekippt an einen hellen Ort gestellt. Wichtig ist, dass das Glas nicht im direkten Sonnenlicht steht, aber ausreichend indirektes Licht bekommt. Quinoa-Samen keimen nur einen Tag und müssen deshalb nur zweimal gespült werden. Bereits nach sechs Stunden sind die ersten Sprossen sichtbar. Wenn sie die gewünschte Größe haben, ist der Keimvorgang fertig. Dann kann man die Powersprossen aus dem Keimglas nehmen und nochmals gut waschen.

Durch das Keimen kann der Gehalt an Antioxidantien in Quinoa noch mal erhöht werden. Mit ihrem nussigen Geschmack runden die Sprossen jeden Salat und auch warme Gerichte perfekt ab!

Quinoa-Milch

Quinoa-Milch ist eine gesunde pflanzliche Alternative zu Milchprodukten. Geschmacklich ist sie ähnlich wie Hafermilch und im Vergleich zu Kuhmilch fettarm. Quinoa-Milch lässt sich ganz einfach selbst herstellen. Alles, was man dazu braucht, ist Quinoa und Wasser.

Man kann Quinoa-Milch mit rohen Quinoa-Samen herstellen. Dazu sollten sie gründlich gewaschen und über Nacht eingeweicht werden. Empfehlenswert ist es allerdings, die Quinoa-Samen vorher zu kochen.

Grundrezept

Zutaten: 3 Tassen Wasser (750 ml), 1 Tasse Quinoa (240 g)

1. Die Quinoa-Samen ca. 15 bis 20 Minuten kochen.
2. Die gekochten Samen mit dem Wasser in einen Mixer geben und pürieren, bis sie eine milchige Konsistenz angenommen haben.
3. Jetzt wird die Milch mit einem Mulltuch oder einem feinen Sieb abgegossen. Nach Belieben mit Zimt, Stevia, Kokosblütenzucker oder anderen Süßungsmitteln und Gewürzen pürieren.
4. Die Quinoa-Milch nach dem Mixen in eine Glasflasche füllen und im Kühlschrank aufbewahren. Innerhalb von drei bis vier Tagen verbrauchen.

Tipp

Wer es etwas schaumiger und süßer mag, kann entsteinte Datteln mitpürieren.

Speiseplan-Update mit Quinoa

Quinoa lässt sich einfach in den Speiseplan integrieren und bietet vielfältige Zubereitungsmöglichkeiten, ob in süßen oder in herzhaften Speisen. Mit exotischen oder mediterranen Gewürzen verträgt sie sich genauso gut wie mit klassischen. In Aufläufen, Füllungen, Salaten und Suppen ist Quinoa eine gesunde Alternative zu Getreide & Co.

Kombiniert mit Hülsenfrüchten, Tofu, frischem Gemüse oder Obst hat man alles auf dem Teller, was das Herz begehrt und der Körper braucht.

Für eine herzhafte Speise kann man das Grundrezept ganz einfach aufpeppen:

Quinoa gut waschen und absieben.

Zwiebeln und Knoblauch in etwas Öl anbraten.

Die Quinoa-Samen dazugeben, kurz anbraten, mit Gemüsebrühe aufgießen und wie gewohnt kochen.

Frische oder getrocknete Kräuter verleihen dem Grundrezept das gewisse Etwas.

Gewürze wie Curry, Ingwer und Chili bringen eine asiatische Note hinein.

Wer es orientalisch mag, verwendet Kreuzkümmel oder arabische Gewürzmischungen wie Ras el-Hanout.

Extravagant wird das Quinoa-Gericht, wenn man es mit Rosenwasser oder Kokosmilch verfeinert. Beide Zutaten lassen sich auch in süßen Speisen sehr gut verwenden, die mit Anis, Zimt, Kardamom, Vanille oder Kakao abgerundet werden können.

Obstsäfte und Marmeladen sind als Geschmacksträger in süßen Speisen genauso lecker wie Nussmus.

Einmal austauschen bitte!

Hafer zum Frühstück

Quinoa-Flocken sind eine perfekte Alternative zu Haferflocken, ob kalt im Müsli oder warm als Brei. Kochen Sie dazu die Quinoa-Flocken in Wasser oder Milch auf und lassen Sie sie ca. 5 Minuten köcheln. Nach Belieben mit Zucker und Zimt abschmecken und frische Früchte hinzugeben.

Reis als Beilage

Quinoa liefert – neben zahlreichen anderen Nährstoffen – mehr als doppelt so viel Protein wie brauner oder weißer Reis. Wer Reis durch Quinoa ergänzt, klettert in Sachen Nährstoffgehalt definitiv mehr als nur ein paar Stufen nach oben, und die Zubereitung ist wie beschrieben sehr einfach. Je nach Geschmack kann man aus roter, weißer, schwarzer oder bunter Quinoa als Beilage im Hauptgericht wählen.

Quinoa im Salat

Für Salate eignet sich rote oder schwarze Quinoa besser als weiße, da diese beiden Sorten bissfester sind. Ein orientalischer Quinoa-Salat, auch Tabouleh genannt, lässt sich beispielsweise ganz einfach aus Quinoa, Tomaten, Gurken, Feta, Petersilie und etwas feuriger Harissa-Paste herstellen. In die mexikanische Variante eines Quinoa-Salats gehören Kidneybohnen, Tomaten und Mais.

Quinoa im Auflauf

Bevor Quinoa für einen Auflauf verwendet wird, sollte sie wie gewohnt gekocht und erst anschließend mit Gemüse und den anderen Zutaten in die Auflaufform gegeben werden. Auch für süße Aufläufe ist Quinoa eine tolle Zutat.

Ersatz für Hackfleisch oder Reisfüllung

Wenn es mal eine vegetarische oder vegane Alternative zu Hackfleisch-/Reisfüllung sein soll, dann ist Quinoa perfekt. Paprikaschoten, Auberginen oder Zucchini lassen sich hervorragend mit vorgekochter Quinoa füllen. Die Füllung kann nach Belieben gewürzt und mit anderen Zutaten wie zum Beispiel Mais, Knoblauch, Zwiebeln und Tomatenstückchen verfeinert werden. Wer den Geschmack der Füllung noch verstärken möchte, kann die Quinoa-Samen vor dem Kochen kurz anrösten.

Es muss nicht immer Fleisch sein. Vegetarische Burger schmecken lecker und sind aus gekochter Quinoa schnell zubereitet: mit geraspelter Möhre, geriebenem Käse, einem Ei, Semmelbröseln und Gewürzen vermengen, kleine Burger formen und knusprig braten. Das Rezept für einen komplett veganen Burger findest du im nachfolgenden Rezeptteil.

Glutenfreies Backen mit Quinoa

Nicht nur gekocht oder als Rohkost können die Quinoa-Körnchen unseren Speiseplan aufpeppen. Quinoa eignet sich auch ganz hervorragend zum glutenfreien Backen. Brot, Brötchen und sogar Kuchen oder Gebäck und Muffins lassen sich nicht nur als Glutenfrei-Variante herstellen, sondern erhalten durch die gesunde Portion Quinoa einen extra Proteinkick.

Den Beinamen »Klebereiweiß« trägt Gluten allerdings nicht grundlos: Bei der Verarbeitung von Mehl fungiert es als Bindemittel. Es bindet das Wasser im Teig und sorgt dafür, dass der Teig »klebt« und nicht auseinanderfällt. Mit anderen Worten, man kann beim Backen nicht einfach so auf Bindemittel verzichten, da das Gebäck sonst eher brüchig wird. Deshalb kann Quinoa-Mehl herkömmliche Mehlsorten aus Weizen, Dinkel oder Roggen nicht eins zu eins ersetzen. Was nicht heißt, dass es keinen Ersatz für das Bindemittel gäbe. Wer ein paar Grundsätze beachtet, kann auch ohne Klebereiweiß leckeres, fluffig frisches Gebäck zaubern.

Glutenfreie Allzweckmehlmischung

Hier kommt es insbesondere auf das Verhältnis der Bestandteile an. Grundsätzlich empfehlenswert:

1 bis 2 Teile glutenfreies Mehl, 1 Teil glutenfreies Stärkemehl und 1 Teil Bindemittel.

Als Stärkemehl kann man Kartoffelmehl, Maisstärke und Reismehl verwenden.

Ein nicht nur optimales, sondern auch sehr gesundes Bindemittel sind Chia-Samen. Sie werden in Form von Chia-Gel zum Binden von Teig verwendet. Für eine glutenfreie Mehlmischung sollte ein Esslöffel gemahlene Chia-Samen mit drei Esslöffeln warmem Wasser angerührt werden, bis eine gelartige Konsistenz entsteht. Das Gel wird dann unter den Teig gerührt. Bei der Verwendung von Chia-Gel sollte die Backzeit um etwa 5 Minuten verlängert werden.

Sehr beliebte Bindemittel sind außerdem Xanthan Gum, Johannisbrotkern-Mehl und Guarkern-Mehl. Ein bis eineinhalb Teelöffel davon kommen auf eine Tasse der glutenfreien Mehlmischung.

Verwendet man Tapioka-Mehl als Bindemittel, hat man den tollen Nebeneffekt, dass Brot und Kuchen schön fluffig werden. Das Mehl ist außerdem geschmacksneutral und kann sehr gut kombiniert werden.

In glutenfreien Backmischungen verwendet man meist nicht nur eine, sondern mehrere glutenfreie Stärkemittel und Mehlsorten.

Quinoa-Mehl kann beispielsweise je nach Geschmack auch zu einem Teil mit anderen glutenfreien Mehlsorten kombiniert werden. Für süße Backwaren eignen sich insbesondere Nussmehle wie Kokos-, Mandel- oder Pistazienmehl. Sie geben dem Gebäck eine feine Note.

Auch die Kombination von Reismehl und Quinoa-Mehl ist hervorragend geeignet. Reismehl zeichnet sich nicht nur durch seinen dezenten Geschmack und seine vielseitige Verwendbarkeit aus, sondern lässt sich auch leicht selbst aus Vollkornreis herstellen (in der Getreidemühle mahlen). Außerdem fungiert es nicht nur als Mehlkomponente, sondern auch als Bindemittel.

Für die Kombination mit Quinoa-Mehl eignet sich z.B. glutenfreies Vollkornmehl wie:

- Amarant-Mehl
- Buchweizenmehl
- Chia-Mehl
- Hirsemehl
- Leinsamenmehl
- Maismehl
- Teff-Mehl

oder glutenfreies weißes Mehl wie:

- weißes Reismehl
- Süßkartoffelmehl

Bei der Verarbeitung von glutenfreiem Mehl stellt man schnell fest, dass der Teig viel mehr Flüssigkeit und eine viel längere Zeit zur Flüssigkeitsaufnahme braucht. Deshalb wird er nicht so fest wie üblich.

Mit ein paar kleinen »Helfern« und Tricks lassen sich glutenfreie Backvarianten besser verarbeiten. Mit Flohsamen und Zuckerrübenfasern beispielsweise wird der Teig etwas fester; auf

500 Gramm Teig jeweils 1 Teelöffel dazugeben.

Etwas Apfelessig, geriebener Apfel und Leinsamen sorgen dafür, dass das Gebäck später schön saftig und fluffig wird. Leinsamen dienen außerdem sehr gut als Bindemittel. Beim Backen sollte man übrigens immer eine Schüssel Wasser in den Ofen stellen, damit Brot und Kuchen nicht austrocknen.

Wer hingegen die nicht zu Mehl verarbeiteten, ganzen Quinoa-Körner in seinem Backwerk verwenden möchte, muss einen weiteren Arbeitsschritt beachten: Vor der Verarbeitung im Teig muss Quinoa eingeweicht werden. Hierzu können die kleinen Körner entweder über Nacht oder zumindest für acht Stunden in kaltem Wasser eingeweicht

oder aber kurz vorgekocht werden. Nach dem Vorkochen und einer kurzen Abkühlzeit kann die Quinoa problemlos in Brot-, Brötchen- oder Kuchenteig weiterverarbeitet werden.

Wie du siehst, lässt sich Quinoa absolut vielseitig in jeden Speiseplan integrieren. So hält Quinoa nicht nur für diejenigen, die aufgrund einer Glutenunverträglichkeit auf ihre Ernährung achten müssen, viele tolle Varianten und Alternativen bereit. Auch wer sich gesünder ernähren und sich mit einer Extraportion an pflanzlichen Proteinen etwas Gutes tun möchte, findet in Quinoa einen erstklassigen Teampartner. Wie sich mit Quinoa ganz abwechslungsreiche Gerichte zaubern lassen, zeigen dir unsere vielen gesunden Rezepte:

Zum Umgang mit den Rezepten

Einige Rezepte lassen sich ganz leicht in eine glutenfreie und/oder vegane Variante umwandeln. Bitte beachten Sie einfach die Hinweise bei den einzelnen Rezepten.

 steht für vegan

 steht für glutenfrei

Außerdem finden Sie bei jedem Rezept Nährwertangaben:

- Kcal steht für Kilokalorien
- KH steht für Kohlenhydrate
- P steht für Protein
- F steht für Fett

FRÜHSTÜCK / SÜSSSPEISEN

Gute Laune Schälchen :-)

QUINOA-KOKOS-HEIDELBEER-PORRIDGE

2 Portionen • Pro Portion: 477 kcal/22,6 g F/55,7 g KH/11,25 g P
VEGAN • GLUTENFREI

150 g Quinoa
1 Tasse Wasser
1 Tasse Kokosmilch
1 Prise Salz
2 EL Kokosflocken
100 g Heidelbeeren
1 TL Kokosblütenzucker oder andere Zuckeralternative
1 TL Kokosflocken

1. Quinoa unter warmem Wasser gründlich waschen.
2. Wasser und Kokosmilch in einem Topf aufkochen lassen.
3. Quinoa mit einer Prise Salz in die kochende Flüssigkeit einrühren.
4. Bei mittlerer Hitze ca. 15 Minuten köcheln lassen, bis die Flüssigkeit komplett vom Quinoa aufgenommen wurde. Dabei ab und zu umrühren.
5. Quinoa-Porridge mit Kokosblütenzucker süßen, Heidelbeeren unterrühren. Zum Servieren mit Kokosflocken bestreuen und ein paar Heidelbeeren darüber verteilen.

Foto: siehe Seite 31

FRÜHSTÜCKSREIS

1 Portion • Pro Portion: 352 kcal / 17,9 g F / 59,2 g KH / 19,5 g P
VEGAN bei Verwendung von Pflanzenmilch • GLUTENFREI

60 g Quinoa
200 ml Milch oder Milchalternative (z.B. Sojamilch oder Mandel-milch)
1 Prise Salz
etwas Vanillemark aus einer frischen Vanilleschote
1 TL Süßungsmittel wie Zucker oder Agavendicksaft
Mandelsplitter und Zimt als Topping

1. Quinoa waschen, abseihen und mit der Milch in einen Topf geben. Kurz aufkochen lassen.
2. Salz, Süße und Vanille hinzufügen und 15 bis 20 Minuten auf niedrigster Stufe köcheln lassen.
3. Mandelsplitter und Zimt als Topping darüberstreuen.

Tipp

Variante als Overnight Oats: Süßen Quinoa-»Milchreis« am Vorabend zubereiten und auskühlen lassen. Am nächsten Morgen getoppt mit Früchten, Nüssen oder gepufften Quinoa genießen.

QUINOA-PUDDING MIT KAKI UND MINZE

2 Portionen • Pro Portion: 421 kcal / 17,75 g F / 54,65 g KH / 8,1 g P
VEGAN • GLUTENFREI

100 g Quinoa
200 ml Kokosmilch (light)
200 ml Wasser
1 EL Ahornsirup
1 gestrichener TL Zimtpulver
1 Prise Salz
Mark einer Vanilleschote
2 Blätter Minze
1 Spritzer Zitrone
1 Kaki
Kokosraspeln

1. Quinoa waschen.
2. Quinoa, Kokosmilch, Wasser, Ahornsirup, Zimtpulver, Salz und Vanille in einem Topf verrühren und aufkochen lassen.
3. Bei mittlerer Hitze für 15–20 Minuten köcheln, immer gut umrühren. Wenn der Pudding fertig ist, abkühlen lassen.
4. Kaki waschen, schälen und in kleine Würfel schneiden. Minze waschen, trocken tupfen und klein schneiden.
5. In einer Schüssel die Kaki-Würfel, die Minze und einen Spritzer Zitronensaft mischen und in zwei Gläser einfüllen.
6. Den fast komplett abgekühlten Pudding auf die Kaki-Würfel verteilen und mit Kokosraspeln toppen.

KARIBISCHER FRÜHSTÜCKSTRAUM

2 Portionen • Pro Portion: 422 kcal / 18,65 g F / 51,95 g KH / 9,9 g P
VEGAN bei Verwendung von Kokos-/Sojajoghurt • GLUTENFREI bei Verwendung von
glutenfreien Haferflocken

50 g Quinoa
200 ml Kokosmilch (light)
50 g Müsli oder Haferflocken
100 g Naturjoghurt oder Kokos-/Sojajoghurt
½ Ananas
25 g Kokosraspel
Gewürze: Vanillemark, 1 TL geriebene Bio-Orangenschale, etwas
Kakaopulver, Zimt

1. Kokosmilch mit der geriebenen Orangenschale in einem Topf erhitzen. Quinoa
   ca. 10 Minuten in der kochenden Milch garen und etwas Kakaopulver und Zimt
   zugeben.
2. Währenddessen die Ananas pürieren und den Joghurt mit Vanillemark würzen.
3. In zwei Gläsern jeweils 25 g Müsli, 50 g Joghurt, 25 g Quinoa und Ananas schich-
   ten. Kokosraspel als Topping aufstreuen!

Tipp

Man kann das Rezept
auch gut am Abend
zubereiten und über
Nacht im Kühlschrank
ziehen lassen – ein
Hochgenuss am nächs-
ten Morgen!

SUPPEN

MÖHRENSUPPE MIT QUINOA

2 Portionen • Pro Portion: 330 kcal/10,85 g F/53,45 g KH/9,9 g P
VEGAN bei Verwendung einer Joghurtalternative, z.B. aus Soja •
GLUTENFREI bei Verwendung von glutenfreier Gemüsebrühe

750 g Möhren
1 Zwiebel
1 Knoblauchzehe
1 EL Olivenöl
600 ml Gemüsebrühe
65 g Quinoa
165 ml Wasser
Salz, Pfeffer, Currypulver
2 EL Joghurt
1 Frühlingszwiebel

1. Die Möhren und die Zwiebel schälen und würfeln.
2. In einem Topf etwas Olivenöl erhitzen und die Zwiebel darin anschwitzen.
3. Den Knoblauch schälen und dazupressen.
4. Die Möhren dazugeben, 5 Minuten mit anschwitzen und dann mit der Gemüse-brühe ablöschen. Mit Salz, Pfeffer, Currypulver würzen und ca. 20 Minuten köcheln lassen, bis die Möhren gar sind.
5. Währenddessen das Wasser zum Kochen bringen.
6. Quinoa mit warmem Wasser waschen, abseihen und anschließend 15 Minuten köcheln lassen.
7. Wenn die Möhren gar sind, mit einem Pürierstab zu einer Cremesuppe pürieren.
8. Die gekochte Quinoa hineingeben, die Suppe pro Teller mit je einem Esslöffel Joghurt verfeinern und mit frisch gehackter Frühlingszwiebel garnieren.

Foto: siehe Seite 36

MINESTRONE MIT QUINOA

4 Portionen • Pro Portion: 438 kcal / 13,02 g F / 50,8 g KH / 17,7 g P
VEGAN bei Zubereitung ohne Parmesan •
GLUTENFREI bei Verwendung von glutenfreier Gemüsebrühe

2 Zucchini	2 Stängel Oregano
3 große Fleischtomaten	1 Zweig Rosmarin
1 Karotte	4 Lorbeerblätter
400 g Grünkohl	150 ml trockener Weißwein
1 rote Zwiebel	1,5 l Gemüsebrühe
2 Knoblauchzehen	1 Dose Kichererbsen
150 g Quinoa	Meersalz
2 EL Olivenöl	Pfeffer
2 EL Tomatenmark	1 Prise Zucker
3 Stängel Petersilie	optional: Parmesan zum
2 Stängel Thymian	Bestreuen

1. Zwiebel und Knoblauch schälen und fein hacken.
2. Zucchini längs vierteln und in etwa 1,5 cm dicke Stücke schneiden.
3. Tomaten mit heißem Wasser überbrühen und häuten, die Kerne entfernen und würfeln. Karotte schälen und würfeln.
4. Die harten Stiele des Grünkohls entfernen und die Blätter in mundgerechte Stücke schneiden.
5. Quinoa unter heißem Wasser abspülen, anschließend in 450 ml kochendes Salzwasser geben und bei geschlossenem Deckel etwa 15–20 Minuten köcheln lassen.
6. Olivenöl in einem großen Topf erhitzen. Zwiebel und Knoblauch in dem Öl glasig anschwitzen. Das Tomatenmark für eine Minute mitschwitzen.
7. Kräuter mit Küchengarn zusammenbinden.
8. Zwiebel mit dem Weißwein ablöschen, die Gemüsebrühe zugießen und den Kräuterbund sowie die Lorbeerblätter dazugeben. Grünkohl, Karottenwürfel und Zucchini in die Suppe geben und etwa 10 Minuten lang leise köcheln lassen.

9. Kichererbsen abgießen und mit den Tomaten in die Suppe rühren.

10. Mit Meersalz, Pfeffer und einer Prise Zucker würzen und für weitere 5 Minuten köcheln lassen.

11. Den Kräuterbund und die Lorbeerblätter herausnehmen und die Suppe mit Salz und Pfeffer abschmecken. Quinoa in die Suppe rühren und servieren.

12. Wer mag, bestreut die Suppe mit geriebenem Parmesan.

SCHARFES QUINOA-CURRY-KOKOS-PARADIESSÜPPCHEN

4 Portionen • Pro Portion: 452 kcal/33,43 g F/30,1 g KH/6,08 g P
VEGAN bei Verwendung von Kokosöl • GLUTENFREI bei Verwendung von glutenfreier Gemüsebrühe

---

125 g Quinoa
2 Äpfel
3 TL Butter oder Kokosöl
3 TL Gemüsebrühe-Pulver
1 Dose Kokosmilch
1 Prise Zucker
Salz, Currypulver, scharfes Paprikapulver

---

1. Quinoa waschen, abseihen und in doppelter Wassermenge ca. 10–15 Minuten kochen.

2. In der Zwischenzeit die Äpfel waschen, entkernen, schälen und klein schneiden.

3. Apfelstückchen in der Butter oder dem Kokosöl anbraten. Anschließend mit Currypulver und einer Prise Salz abschmecken.

4. Gemüsebrühe nach Anleitung anrühren und dazugeben und ca. 10 Minuten köcheln lassen.

5. Die Kokosmilch dazugeben und mit einer Prise Zucker abschmecken.

6. Die Zutaten pürieren. Für eine gute Schärfe Currypulver und scharfes Paprikapulver hinzufügen.

7. Gekochte Quinoa in die Suppe geben und alles zusammen noch einmal kurz aufkochen lassen.

HAUPTSPEISEN / HERZHAFTE GERICHTE

QUINOA-BURGER MIT SELBST GEMACHTEM CURRY-KETCHUP

2 Portionen • Brötchen pro Portion: 347 kcal/7,3 g F/55,75 g KH/14,4 g P
Bratlinge pro Portion: 204 kcal/3,35 g F/35,1 g KH/6,95 g P
Ketchup, Gesamtmenge auf Vorrat: 283 kcal/1,5 g F/52,8 g KH/8,4 g P
Brötchen: VEGAN • GLUTENFREI bei Verwendung von glutenfreier Mehlmischung
Bratlinge: VEGAN • GLUTENFREI wird es durch die Verwendung von glutenfreien
Haferflocken, mit denen man auch die Schmelzflocken ersetzt, also insgesamt
40 g glutenfreie Haferflocken + 2 EL Chia-Gel (1 EL Chia-Samen mit 2 EL Wasser
quellen lassen).
Ketchup: VEGAN • GLUTENFREI

Für die Brötchen:

165 g Dinkelmehl
6 g frische Hefe
20 g Pflanzenmargarine
100 ml Sojamilch
½ TL Salz
1 TL Rohrohrzucker

1. Die Sojamilch leicht erwärmen und die Margarine darin schmelzen. Eine Temperatur von 40 °C sollte dabei nicht überschritten werden!

2. Rohrohrzucker und Hefe hinzufügen und so lange rühren, bis die Hefe aufgelöst ist.

3. Anschließend das Mehl und das Salz in eine große Schüssel geben und die Hefemischung hineingießen.

4. Mit einem Holzlöffel alles vermengen und anschließend mit den Händen oder in der Küchenmaschine ca. 5 Minuten lang kneten. Wenn der Teig zu klebrig ist, mehr Mehl verwenden.

5. Den fertigen Teig zu einer Kugel formen, in die Schüssel legen und bedeckt mit einem feuchten Küchentuch an einem warmen Ort 45 Minuten ruhen lassen.

6. Nach der Ruhezeit den Teig nochmals gut durchkneten und in zwei gleich große Teile teilen. Jeweils ein Brötchen formen und nochmals für ca. 20 Minuten aufgehen lassen. Zum Schluss für 25 Minuten im vorgeheizten Backofen bei 180 °C Umluft backen.

Für die Quinoa-Bratlinge:

65 g Quinoa
165 ml Wasser
1 Frühlingszwiebel
20 g Schmelzflocken/Instantflocken
20 g zarte Haferflocken
1 ½ TL Reismehl oder Stärke
80 ml heiße Gemüsebrühe
Schnittlauch, Salz, Pfeffer

1. Quinoa mit heißen Wasser waschen, währenddessen das Wasser zum Kochen bringen. Wenn das Wasser kocht, Quinoa hineingeben und 15 Minuten köcheln lassen. Anschließend in eine Schüssel füllen und etwas abkühlen lassen.

2. Die Frühlingszwiebel fein würfeln und direkt unter die frisch gekochte Quinoa mischen.

3. Wenn die Masse nicht mehr zu heiß ist, die restlichen Zutaten hinzufügen, gut würzen und alles vermengen.

4. Nun 15 Minuten quellen lassen.

5. Aus der Masse zwei Bratlinge formen und von beiden Seiten in einer Pfanne mit Öl goldbraun anbraten.

Foto: siehe Seite 41

Für das Curry-Ketchup:
Zutaten für ein Glas (ca. 200 ml):

1 kleine Zwiebel
70 g Tomatenmark
200 g gehackte Tomaten aus der Dose
1 Apfel
1 TL Currypulver
1 TL Paprikapulver
¼ TL Pfeffer
½ TL Salz
1 Prise Zimt
1 Prise Muskat
1 TL Agavendicksaft

1. Den Apfel schälen und sehr fein raspeln.
2. Die Zwiebel fein würfeln und in etwas Öl andünsten.
3. Den geraspelten Apfel, Tomatenmark und gehackte Tomaten hinzufügen und mit den restlichen Zutaten würzen.
4. Auf kleiner bis mittlerer Stufe ca. 20–30 Minuten köcheln lassen. Dabei immer wieder umrühren.

Foto siehe Seite 41

QUINOA-AUFLAUF GRÜN-WEISS

4 Portionen • Pro Portion: 457 kcal/21,1 g F/31,6 g KH/30,6 g P
GLUTENFREI bei Verwendung von glutenfreier Gemüsebrühe

Für 1 Auflaufform:

120 g Quinoa	60 g Montello-Hartkäse oder
240 ml Gemüsebrühe	Parmesan
1 Brokkoli	150 g Mozzarella, gerieben
1 mittelgroßer Blumenkohl	3 TL Salz
2 Eier	1 TL Pfeffer
200 ml Milch (1,5 %)	1 kräftige Prise Muskat
100 g Frischkäse	

1. Quinoa in einem Sieb gut waschen und in der Gemüsebrühe 15 Minuten lang köcheln lassen.

2. Backofen auf 200 °C Ober-/Unterhitze vorheizen.

3. Währenddessen den Brokkoli und den Blumenkohl von den Blättern und Stielen befreien, gut waschen und in kleine Röschen teilen. Die Röschen für 4 Minuten in heißem gesalzenem Wasser blanchieren, danach in ein Sieb abgießen.

4. Eier, Milch, Frischkäse und geriebenen Montello in einem hohen Gefäß verrühren und mit Salz, Pfeffer und einer Prise Muskat würzen.

5. Die Brokkoli- und Blumenkohlröschen in die Auflaufform geben und mit der Milch-Eier-Mischung begießen. Die gekochte Quinoa darüber verteilen und mit Mozzarella bestreuen.

6. Die Auflaufform bei mittlerer Schiene in den Backofen geben und für 20 Minuten backen lassen. Mit einer Alufolie abdecken und weitere 10 Minuten backen.

7. Mit einer Gabel oder einem Messer die Festigkeit des Blumenkohls testen, falls er noch zu hart ist, weitere 5 Minuten backen lassen.

8. Die Auflaufform aus dem Backofen nehmen, die Alufolie etwas anheben und 10 Minuten abkühlen lassen, dadurch wird die Milch-Eier-Mischung etwas fester.

KÜRBIS-QUINOA-GNOCCHI

4 Portionen • Pro Portion: 375 kcal/3,62 g F/71,5 g KH/13,05 g P
VEGAN • GLUTENFREI wird es durch das Verwenden von 350 g glutenfreier
Allzweckmischung, z.B. mit Quinoa-Mehl, Reismehl und Kartoffelstärke (siehe
Abschnitt »Glutenfreies Backen mit Quinoa«, S. 28).

> **1 kleiner Kürbis**
> **100 g Quinoa-Mehl**
> **250 g Dinkelvollkornmehl**
> **1 Knoblauchzehe**
> **Olivenöl**
> **Himalajasalz**
> **Pfeffer**
> **Muskat**

1. Kürbis schälen und Kerne entfernen. Das Kürbisfleisch in ca. 2 × 2 cm große Stücke schneiden und zusammen mit der in Streifen geschnittenen Knoblauchzehe in eine ofenfeste Form geben.

2. Mit Salz, Pfeffer und Olivenöl je nach Geschmack vermengen. Bei 200 °C im Backofen für ca. 30–40 Minuten weich garen.

3. Kürbis und Knoblauch mit einem Mixstab pürieren und mit Salz, Pfeffer und Muskat abschmecken.

4. Quinoa- und Vollkornmehl hinzugeben und mit einer Küchenmaschine kneten, bis ein Teig entsteht, der nicht mehr klebt. Gegebenenfalls etwas mehr Mehl dazugeben.

5. Jetzt wird der Teig geviertelt. Jedes Viertel wird in eine ca. 2 cm dicke Rolle gerollt und in ca. 2 cm dicke Scheiben geschnitten.

6. Diese werden zu kleinen Bällchen geformt und mit einer Gabel das typische Muster eingedrückt.

7. Nun in reichlich Salzwasser für 1 Minute kochen und noch ca. 5 Minuten im heißen Wasser ziehen lassen, bis die Gnocchi oben schwimmen.

MIT TABOULEH GEFÜLLTE PILZE

2 Portionen (als Hauptmahlzeit, kann aber auch als leckere Vorspeise verwendet werden; dann rechnet man einen Pilz pro Person)
Pro Portion (als Hauptmahlzeit): 583 kcal/24,7 g F/61,55 g KH/20,65 g P
VEGAN • GLUTENFREI – Auf den Glutenfrei-Hinweis bei Tahin/Sesammus achten.

Für die Pilze:

4 Portobello-Pilze
Kerne eines ¼ Granatapfels
Olivenöl

Für das Tabouleh:

50 g Pinienkerne
150 g Quinoa
1 EL Tahin (Sesammus)
⅓ rote Zwiebel, fein geschnitten

Saft einer halben Zitrone
½ TL Zimt
1 TL Paprikapulver
1 Bund frischer Koriander, gehackt
einige Stängel frische Minze, Blätter gehackt
etwas Basilikum, gehackt
Salz
Pfeffer

1. Quinoa mit warmem Wasser waschen, anschließend in 450 ml leicht gesalzenem Wasser zum Kochen bringen, die Hitze reduzieren und etwa 15 Minuten lang köcheln lassen.

2. Währenddessen die Portobellos putzen, jeweils den Strunk entfernen, in eine Auflaufform legen und mit etwas Olivenöl beträufeln.

3. Den Backofen auf 180 °C vorheizen, danach die Pilze auf mittlerer Schiene 15 Minuten lang backen.

4. Die Pinienkerne in einer Pfanne ohne Öl rösten.

5. Die abgekühlte Quinoa mit den anderen Zutaten für das Tabouleh vermischen und mit Salz und Pfeffer sowie den Gewürzen abschmecken.

6. Die fertig gebackenen Portobellos mit dem Tabouleh befüllen und mit den Pinienkernen sowie den Granatapfelkernen bestreuen.

GLUTENFREIE QUINOA-NUDELN

4 Portionen • Pro Portion: 526 kcal/15,25 g F/84,9 g KH/8,93 g P
VEGAN • GLUTENFREI

> **150 g Quinoa-Mehl**
> **200 Reismehl**
> **100 g Maisstärke**
> **3 EL Chia-Mehl und 9 EL Wasser (wird zu Chia-Gel)**
> **1 ½ TL Flohsamen**
> **2 EL Olivenöl**
> **150 ml Wasser**

1. Für das Chia-Gel das Chia-Mehl in eine Schüssel geben, mit neun Esslöffel Wasser übergießen und quellen lassen.

2. Quinoa-Mehl, Reismehl und Maisstärke auf einer sauberen Arbeitsfläche miteinander vermengen und in der Mitte eine kleine Kuhle formen.

3. Das Öl, das Chia-Gel, die Flohsamen und eine kleine Menge Wasser vorsichtig in die Kuhle gießen und nach und nach das Mehl einarbeiten.

4. Das restliche Wasser langsam nachgießen, bis das gesamte Mehl zum Teig verarbeitet ist. Den Teig langsam etwa 15 Minuten gut durchkneten. Wer nicht auf der Arbeitsfläche kneten will, kann den Teig auch alternativ in einer Schüssel vorbereiten.

5. Den Quinoa-Reis-Teig in Frischhaltefolie wickeln und ungefähr 20 Minuten ruhen lassen.

6. Ein Stück Teig abtrennen, mit Reis- oder Quinoa-Mehl bestäuben und mit dem Nudelholz ausrollen.

7. Die Nudelmaschine auf die weiteste Stufe stellen. Den Nudelteig durch die Nudelmaschine lassen. Den Vorgang so lange wiederholen, bis die Nudeln dünn genug sind bzw. die gewünschte Breite haben (nicht zu dünn ausrollen, da der Teig sonst reißt).

8. Die gewalzten Teigbahnen sofort schneiden und auf einer mit Mehl bestreuten Arbeitsplatte mit der Hand auseinanderziehen, lockern und eventuell leicht in Mehl wälzen.

9. Wer keine Nudelmaschine hat, kann den Quinoa-Teig auch mit einem Nudelholz ganz dünn ausrollen und alternativ in kleine Rechtecke schneiden. Die Rechtecke in der Mitte zusammendrücken und fertig sind die Farfalle-Nudeln in Schmetterlingsform!

10. Die fertig geschnittenen oder geformten Quinoa-Nudeln sollten ungefähr eine Stunde ruhen, bevor sie in Salzwasser gekocht werden.

Variante Bunte Nudeln

Den Teig in drei Teile aufteilen und zwei Teile mit Spinat- bzw. Rote-Bete-Saft einfärben.

QUINOA-GEMÜSE-PFANNE

4 Portionen • Pro Portion: 376 kcal/5,85 g F/62,53 g KH/17,35 g P
VEGAN • GLUTENFREI, wenn man auf glutenfreie Hefeflocken und Gemüsebrühe
achtet.

250 g Quinoa
3 Frühlingszwiebeln
ca. 300 g Kürbis, gerieben
2 Zucchini, gerieben
1 Paprika
250 g Pilze
1 Dose gewürfelte Tomaten
2 EL Hefeflocken (optional)
2 gehäufte TL Tomatenmark
200 ml Gemüsebrühe
Salz, Pfeffer, Paprikapulver, Kräuter der Provence

1. Quinoa waschen und abseihen. Mit der doppelten Menge an Wasser und einer Prise Salz in einen Topf geben.

2. Die Frühlingszwiebeln schneiden.

3. Den Kürbis und die Zucchini mit einer groben Reibe reiben.

4. Paprika und Pilze in kleine Stücke bzw. Scheiben schneiden.

5. Erst die Frühlingszwiebeln in etwas Öl in einer Pfanne anbraten und dann das restliche Gemüse hinzugeben.

6. Als Nächstes das Tomatenmark und die Hefeflocken (optional) gut unterrühren, gewürfelte Tomaten hinzufügen und nach Geschmack würzen.

7. Zum Schluss die Gemüsebrühe dazugeben und alles gut einkochen lassen.

8. Sobald das Gemüse die gewünschte Konsistenz (noch gut bissfest oder weich) erreicht hat, die Quinoa daruntermischen und fertig!

CHICKEN NUGGETS MIT QUINOA-PANADE

4 Portionen • Pro Portion: 245 kcal/4,5 g F/11,15 g KH/40,18 g P
GLUTENFREI bei Verwendung von glutenfreiem Mehl wie z.B. Reismehl

4 Hähnchenbrustfilets
125 g Quinoa
etwas Mehl
1 TL Salz und ¼ TL Pfeffer
2 Eier

1. Quinoa waschen und in doppelter Menge Wasser kochen.
2. Backofen auf 200 °C vorheizen.
3. Die Panierstraße vorbereiten: in einer kleinen Schale das Mehl mit dem Salz und Pfeffer mischen, in einer anderen Schale die Eier aufschlagen und verquirlen, in die dritte Schale kommt das Quinoa.
4. Hähnchenbrustfilet in nuggetgroße Stücke schneiden und anschließend erst in dem Mehl, dann im Ei und zum Schluss in Quinoa wälzen.
5. Die Nuggets auf ein Backblech legen und für 15–20 Minuten backen, bis sie gar und knusprig sind.

Tipp

Dazu passt selbst gemachter Ketchup (siehe Rezept »Quinoa-Burger«, S. 42).

VEGANE VARIANTE DER NUGGETS

4 Portionen • Pro Portion: 286 kcal/1,95 g F/58,1 g KH/7,98 g P
VEGAN • GLUTENFREI bei Verwendung von glutenfreier Gemüsebrühe

> **250 g Polentapulver**
> **1 l Gemüsebrühe**
> **Salz, Pfeffer, Muskat, Kräuter der Provence**
> **etwas Mehl**
> **Pflanzenmilch oder Wasser**
> **125 g gekochte Quinoa**

1. Backofen auf 200 °C vorheizen.
2. Die Gemüsebrühe zum Kochen bringen, nun nach und nach das Polentapulver unterrühren (den Zubereitungshinweis auf der Verpackung beachten).
3. Nun kommt die Polenta in eine Backform und wird zum Abkühlen zur Seite gestellt; nach dem Auskühlen kann man sie in kleine Stücke schneiden.
4. Die Polentastücke wie oben beschrieben in Mehl, Wasser bzw. Pflanzenmilch und Quinoa panieren und auf ein Backblech legen.
5. Ca. 10–15 Minuten backen, bis sie etwas bräunlich und knusprig sind.

MIT QUINOA GEFÜLLTE PAPRIKA, ORIENTALISCH GEWÜRZT

4 Portionen • Pro Portion: 589 kcal/32,28 g F/54,15 g KH/20,08 g P
VEGAN bei Verwendung einer Tofu-Alternative statt des Schafskäses • GLUTENFREI

4 gelbe Paprika
einige Cherrytomaten, halbiert
2 Zucchini, grob gerieben
200 g Schafskäse, zerbröselt
2 Knoblauchzehen, gehackt
200 g Quinoa (z.B. rot oder schwarz)
1 Handvoll Rosinen
1–2 EL Ras el-Hanout (Gewürzmischung)
Olivenöl
Salz, Pfeffer
Pinienkerne (optional)

1. Die Paprika waschen, der Länge nach halbieren und entkernen. Innen und außen mit etwas Olivenöl einreiben und mit Salz und Pfeffer würzen.

2. Im auf 200 °C vorgeheizten Backofen auf der mittleren Schiene für 15 Minuten garen.

3. In der Zwischenzeit die Quinoa in warmem Wasser waschen, abseihen und in einem Kochtopf in 500 ml leicht gesalzenem Wasser zum Kochen bringen. Die Hitze reduzieren und etwa 15 Minuten lang köcheln lassen.

4. Die fertig gekochte Quinoa mit den Rosinen, den geriebenen Zucchini, den Cherrytomaten, dem Knoblauch, 1 EL Olivenöl und dem Schafskäse vermengen und die Masse mit Salz, Pfeffer und Ras el-Hanout abschmecken.

5. Die Paprika nach der Garzeit aus dem Ofen nehmen und mit der Quinoa-Mischung befüllen. Erneut für 15 Minuten in den Ofen schieben.

Tipp

Pinienkerne in einer Pfanne ohne Öl rösten und die gefüllten Paprika nach den 15 Minuten Backzeit damit bestreuen.

PILZPFANNE MIT QUINOA

1 Portion • Pro Portion: 380 kcal / 18,6 g F / 37 g KH / 15,5 g P
VEGAN • GLUTENFREI

250 g Champignons
50 g Quinoa
½ rote Zwiebel
1–2 Knoblauchzehen
1–2 EL Kokosöl
1–2 EL Sesam

1. Quinoa waschen und abseihen. In doppelter Wassermenge ca. 15 Minuten kochen und danach weitere 5–10 Minuten quellen lassen. Nach Belieben mit Salz und Pfeffer würzen.

2. In der Zwischenzeit die Zwiebel und die Knoblauchzehen möglichst klein schneiden und mit etwas Kokosöl anbraten.

3. Nach ein paar Minuten die klein geschnittenen Champignons hinzugeben und alles zusammen 5–10 Minuten braten.

4. Wenn die Champignons die gewünschte Konsistenz erreicht haben, die Quinoa untermischen.

5. Zum Abschluss etwas Sesam in einer Pfanne anrösten und darüber streuen.

6. Tipp für alle Rohkost-Fans: Quinoa-Pilz-Pfanne auf frischem Blattsalat anrichten – das sorgt für ein paar Extra-Vitalstoffe!

QUINOA-PIZZA

3–4 Portionen • Pro Portion (bei 4 Portionen): 358 kcal/10,45 g F/53,03 g KH/11,15 g P
VEGAN • GLUTENFREI wird die Pizza, wenn man das Dinkelmehl durch eine glutenfreie Allzweckmischung, z.B. mit Quinoa-Mehl, Reismehl und Kartoffelstärke, ersetzt
(siehe Abschnitt »Glutenfreies Backen mit Quinoa«, S. 28).

Für den Boden:

**170 g Quinoa (6 Stunden
einweichen lassen)**
60 ml Wasser
½ TL Backpulver
½ TL Salz
2 EL Olivenöl
150 g Dinkelmehl

Für die Soße:

1–2 EL Tomatenmark
100–150 ml Wasser
Salz, Oregano, Pfeffer

Belag nach Wunsch:

Gemüse, Käse etc.

1. Backofen auf 220 °C vorheizen.
2. Die für 6 Stunden eingeweichte Quinoa abseihen und in einen Standmixer geben. Mit den anderen Zutaten für den Boden gut mixen, bis eine sämige Masse entsteht.
3. Ein Backblech oder eine Springform mit etwas Öl bestreichen und den Teig einfüllen. Für ca. 10–15 Minuten backen.
4. Danach wenden und noch mal 10–15 Minuten von der anderen Seite backen.
5. In der Zwischenzeit die Soße und den gewünschten Belag (Paprika, Mais, Spinat, Pilze etc.) vorbereiten.
6. Für die Soße alle Zutaten in einer kleinen Schale vermengen und nach Geschmack würzen.
7. Den Pizzaboden mit der Soße, dem gewünschten Belag und (veganem) Käse belegen und für weitere 10 Minuten in den Backofen. Fertig!

QUINOA-CHILI

4–6 Portionen • Pro Portion (bei 6 Portionen): 267 kcal/6,62 g F/35,57 g KH/11,13 g P
VEGAN • GLUTENFREI

120 g Quinoa
500 g Tomaten, stückig
500 ml Tomaten, passiert
400–500 ml Wasser
1 Zwiebel
3 Zehen Knoblauch
1 grüne Paprika
1–2 rote Chilischote(n)
1 Dose Kidneybohnen (400 g, abgetropft, abgespült)
1 Dose Mais (330 g, abgetropft)
2 TL Cayennepfeffer
2 TL Kreuzkümmel
1 TL Kakaopulver
1 TL Kaffeepulver
1 TL Paprikapulver
1 Prise Zucker
Salz, Pfeffer
1 EL Olivenöl
Frühlingszwiebeln
1 Limette

1. Quinoa in einem Sieb waschen und in der zweifachen Menge Wasser 15 Minuten lang köcheln lassen.
2. Währenddessen Zwiebel und Knoblauch abziehen und fein würfeln.
3. Die Paprika waschen und in Würfel schneiden.
4. 1 oder 2 Chilischoten, je nach gewünschtem Schärfegrad, halbieren und entkernen. In feine Scheiben schneiden.
5. Olivenöl in einem großen Topf erhitzen. Die Zwiebeln und die Paprikawürfel glasig andünsten, dann den Knoblauch und die Chilischoten dazugeben. Kurz mitdünsten lassen.

6. Stückige Tomaten, passierte Tomaten und Wasser in den Topf geben. Mit Cayennepfeffer, Kreuzkümmel, Kakao-, Kaffee-, Paprikapulver, Zucker, Salz und Pfeffer abschmecken.

7. Kurz aufkochen und für 30 Minuten köcheln lassen. Nach 15 Minuten den Topfdeckel abnehmen und ohne Deckel weitere 15 Minuten köcheln lassen.

8. Nach 30 Minuten Bohnen, Mais und die gekochte Quinoa dazugeben. 10–15 Minuten köcheln lassen.

9. Wenn nötig, nochmals nachwürzen. Frühlingszwiebeln waschen und in Ringe schneiden.

10. Auf Tellern anrichten, etwas Limettensaft darüberträufeln und mit den Frühlingszwiebelringen bestreuen.

BOHNEN-QUINOA-BRATLINGE MIT GEMISCHTEM SALAT

8 Bratlinge / 2–3 Portionen • *Pro Portion (bei 3 Portionen): 431 kcal/*
24 g F / 36,7 g KH / 14,9 g P
GLUTENFREI bei der Verwendung von glutenfreier Speisestärke wie z. B. Maisstärke

Für die Bratlinge:	**Für den Salat:**
50 g Kartoffeln	2 Salatherzen
75 g Quinoa	½ rote Paprika
75 g weiße Bohnen	½ Gurke
1 Knoblauchzehe	2 Tomaten
80 g Feta	75 g weiße Bohnen
1 Eigelb (Größe M)	1 Zwiebel
1 Prise geriebene Bio-Zitronen-schale	2 EL Olivenöl
Speisestärke	2 EL Weißweinessig
Salz, Pfeffer	1 TL Honig oder Agavendicksaft
1 EL Öl	etwas Zitronensaft
	Salz, Pfeffer

1. Kartoffeln schälen und grob würfeln.

2. Quinoa waschen und abseihen. Quinoa und Kartoffeln in 250 ml Salzwasser für 20 Minuten bei niedriger Hitze köcheln lassen. Danach abseihen und etwas abkühlen lassen.

3. 150 g Bohnen abspülen und abtropfen lassen.

4. Die Hälfte der Bohnen mit der gepressten Knoblauchzehe, Quinoa und den Kartoffeln in einer Schüssel mit einem Kartoffelstampfer zerdrücken. Etwas abkühlen lassen.

5. Während die Masse abkühlt, Feta zerbröseln und mit Zitronenschale und Eigelb mischen. Zu der leicht abgekühlten Quinoamasse geben, gut mischen und mit Salz und Pfeffer würzen.

6. Mit der Speisestärke die Masse abbinden, sie sollte nicht mehr zu feucht sein und eine ähnliche Konsistenz wie Kartoffelknödelteig haben. Aus der Masse acht Bratlinge formen.

7. Salat waschen, trocken schleudern und in mundgerechte Stücke zupfen.

8. Tomaten waschen und grob würfeln.

9. Gurke längs halbieren und die Kerne mit einem Teelöffel entfernen.

10. Die Zwiebel abziehen, halbieren und in feine Scheiben schneiden.

11. In einer Schüssel Olivenöl, Weißweinessig, etwas Zitronensaft, Honig, Salz und Pfeffer mischen. Die Zwiebeln in dem Dressing ziehen lassen.

12. In einer Pfanne etwas Olivenöl erhitzen und die Bratlinge von beiden Seiten 2–3 Minuten goldbraun anbraten. Auf einen mit Küchenpapier belegten Teller geben und etwas abtropfen lassen.

13. Salat, Tomaten, Gurke und Bohnen in das Dressing geben und gut vermengen.

14. Den Salat auf Tellern anrichten und die Bratlinge darauf anrichten.

GEBACKENER BUTTERNUSSKÜRBIS MIT QUINOA-AVOCADO-FÜLLUNG = 3fache Menge herstellen

V GF

2–3 Portionen • Pro Portion: 475 kcal / 21,9 g F / 53,8 g KH / 12,1 g P
VEGAN • GLUTENFREI

1 kleiner Butternusskürbis
150 g Quinoa *100g*
1 TL Kräuter der Provence
2 EL Tahin (Sesammus)
2 Avocados
1 Handvoll Basilikumblätter
1 Handvoll Pinienkerne
Olivenöl
Chiliflocken
2 EL Apple Cider Vinegar (Apfelessig)
Salz

1. Backofen auf 180 °C vorheizen.

2. Den Butternusskürbis der Länge nach aufschneiden (noch nicht entkernen!) und auf einem Backblech auf mittlerer Schiene 30 Minuten lang backen.

3. Währenddessen die Quinoa mit warmem Wasser waschen, abseihen und in 450 ml leicht gesalzenem Wasser mit den Kräutern der Provence sowie 1 EL Apple Cider Vinegar zum Kochen bringen; bei niedriger Hitze 15 Minuten lang köcheln lassen. Anschließend Tahin unterrühren.

4. Den Kürbis aus dem Ofen holen, mit einem Löffel die Kerne entfernen.

5. Die Kürbishälften mit etwas Olivenöl und einigen Chiliflocken (je nach Geschmack und gewünschter Schärfe) einreiben und anschließend erneut in den Backofen schieben.

6. Den Kürbis nun so lange backen (20–30 Minuten), bis er gar ist. Dazu in regelmäßigen Abständen mithilfe eines Messer überprüfen, ob er weich ist.

7. In der Zwischenzeit ein Avocado-Basilikum-Püree herstellen: Das Fleisch der Avocados zusammen mit den Basilikumblättern, den Pinienkernen, 1 EL Apple Cider Vinegar, 2 EL Olivenöl und etwas Salz in einem Mixer pürieren.

8. Wenn der Butternusskürbis weich ist, aus dem Ofen holen und mit der Quinoamischung sowie dem Avocado-Basilikum-Püree befüllen und servieren.

ROULADEN MIT QUINOA-THUNFISCH-FÜLLUNG

2 Portionen • Pro Portion: 448 kcal / 17,65 g F / 36,8 g KH / 28,2 g P
GLUTENFREI

Für die Rouladen:	**Für die Soße:**
4 große Kohlblätter	200 g passierte Tomaten
60 g Quinoa	10 Kirschtomaten
1 Dose Thunfisch	30 g Tomatenmark
1 Zwiebel	5 EL Weißwein
40 g Ajvar	Salz, Pfeffer
6 Kirschtomaten	2 El Olivenöl
1 Knoblauchzehe	
1 EL Olivenöl	
Salz, Pfeffer	

1. Zunächst die Kohlblätter für 5 Minuten in heißem Salzwasser blanchieren. Mit kaltem Wasser abschrecken und trocken tupfen.

2. Quinoa waschen und abseihen. In doppelter Wassermenge mit einer Prise Salz für 15 Minuten auf mittlerer Hitze kochen, bis keine Flüssigkeit mehr vorhanden ist.

3. Die Zwiebel und den Knoblauch in Würfel schneiden und in einem Esslöffel Olivenöl anbraten. Den abgetropften Thunfisch, die fertige Quinoa und das Ajvar hinzugeben und mit Salz und Pfeffer würzen.

4. Je ein Viertel der Masse auf die Mitte eines Kohlblattes geben und das Blatt zu einer Roulade wickeln. Mit einem Zahnstocher zusammenstecken.

5. Alle Zutaten für die Soße in eine vorgewärmte Pfanne geben und die Rouladen hineinlegen. Auf mittlerer Hitze abgedeckt für 20 Minuten köcheln lassen (nach 10 Minuten die Rouladen wenden).

QUINOA-BUTTERNUSSKÜRBIS-AUFLAUF

4 Portionen • Pro Portion: 484 kcal/24,35 g F/45,73 g KH/19,88 g P
GLUTENFREI bei Verwendung von glutenfreiem Reibekäse

---

1 Butternusskürbis
150 g Quinoa
2 EL Butter
2 Eier
Salz, Pfeffer
50 g gehobelte Mandeln
1 Portion Reibekäse (ca. 100 g)

---

1. Backofen auf 200 °C vorheizen.
2. Den Kürbis entkernen, in Würfel schneiden und in eine gefettete Auflaufform geben.
3. Quinoa waschen und abseihen. Mit der doppelten Wassermenge und etwas Salz kochen.
4. Die gekochte Quinoa in eine Schüssel geben und mit der Butter verrühren.
5. Die Eier trennen. Die Eigelbe, die Mandeln und den geriebenen Käse zur Quinoa geben und durchmischen.
6. Eiweiß steif schlagen und unter die Quinoamischung heben.
7. Die Quinoa-Masse auf den Kürbiswürfeln verteilen,
8. Käse darüberstreuen und bei 200 °C für etwa 25–30 Minuten backen.

SALATE

QUINOA-TABOULEH-SALAT

2–3 Portionen • Pro Portion (bei 3 Portionen): 286 kcal/8,73 g F/39,77 g KH/11 g P
VEGAN • GLUTENFREI

> 150 g Quinoa
>
> 3 Bund frische Petersilie (ca. 150 g)
>
> 3 EL Sesam
>
> 1 Paprika
>
> 1 Knoblauchzehe
>
> Kreuzkümmel
>
> Koriander
>
> Salz
>
> 1 EL Zitronensaft

1. Quinoa waschen und abseihen.
2. Man kann diesen Salat als Rohkost mit gekeimter Quinoa zubereiten. Dafür muss man die Quinoa 6 Stunden in Wasser einweichen, abspülen und noch einmal mindestens 24 Stunden in einem Sieb oder Keimglas keimen lassen.
3. Alternativ kann man den Tabouleh-Salat mit gekochter Quinoa zubereiten (10–15 Minuten bei doppelter Wassermenge).
4. Die Petersilie klein hacken, die Paprika würfeln und mit der gekeimten oder gekochten Quinoa vermischen.
5. Für das Dressing mischt man Sesam, Knoblauch, Salz, Koriander, Zitronensaft und Kreuzkümmel nach Geschmack mit etwas Wasser (1–2 EL).

Foto: siehe Seite 64

VITAMIN-KICK

2 Portionen • Pro Portion: 341 kcal / 11,1 g F / 49,85 g KH / 10 g P
VEGAN • GLUTENFREI

100 g Quinoa
½ Avocado
2 mittlere Tomaten
¼ Gurke
1 Paprika
2 kleine Möhren
1 mittlere Zwiebel
1 EL Öl
1–2 EL Essig
frische oder getrocknete Kräuter/Gewürze: Thymian, Basilikum,
Knoblauchflocken, Salz und Pfeffer

1. Quinoa waschen und abtropfen lassen. Zunächst doppelte Menge gesalzenes Wasser im Topf zum Kochen bringen. Dann die Quinoa dazugeben und ca. 10–15 Minuten kochen.

2. Währenddessen das Gemüse in Würfel schneiden und in einer Schüssel vermengen.

3. Die fertig gegarte Quinoa hinzufügen, ein Essig-Öl-Gemisch dazugeben und kräftig würzen. Alles noch einmal vermengen und warm genießen!

4. Der Salat ist warm wie auch kalt sehr lecker und kann gut als Imbiss mitgenommen werden!

QUINOA-SALAT MIT GEBRATENEM GEMÜSE

2 Portionen • Pro Portion: 580 kcal/27,9 g F/60,85 g KH/14,3 g P
VEGAN bei Verwendung von veganer Margarine • GLUTENFREI

150 g Quinoa	8 Blätter Minze
1 Aubergine	1 TL Pflanzenmargarine
1 rote Paprika	oder Butter
1 Zitrone (Bio)	4 ½ EL Olivenöl
70 g Rucola	1 EL Essig
200 g Kirschtomaten	Salz, Pfeffer
½ rote Chilischote	1 Prise Zucker
1 Handvoll Basilikum	

1. Backofen auf 200 °C Ober-/Unterhitze vorheizen.

2. Aubergine und Paprika waschen. Aubergine in 1 cm dicke Scheiben schneiden, Paprika entkernen und in mundgerechte Stücke schneiden.

3. Beides auf ein leicht eingeöltes tiefes Backblech legen und mit 1 EL Olivenöl beträufeln. Mit Salz und Pfeffer würzen und auf mittlerer Schiene 20–25 Minuten backen.

4. Quinoa waschen und abseihen. Danach in doppelter Menge leicht gesalzenem Wasser 10–15 Minuten köcheln lassen.

5. Wasser abgießen, Quinoa zurück in den Topf geben und mit Pflanzenmargarine, Salz und Pfeffer würzen. Mit offenem Deckel auskühlen lassen.

6. Zitrone heiß abwaschen, die Schale abreiben und in eine Schüssel geben. Basilikum und Minze waschen, trocken schütteln und klein hacken. Die Chilischote waschen, entkernen und in feine Streifen schneiden.

7. In einer kleinen Schüssel Zitronenabrieb, Basilikum, Minze und Chilischote mit 1 EL Olivenöl mischen.

8. Die Zitrone auspressen und 2 EL Zitronensaft, 2 ½ EL Olivenöl, Essig, etwas Salz, Pfeffer und Zucker zu einem Dressing vermischen.

9. Die Kirschtomaten waschen und halbieren. Rucola waschen und trocken schütteln/schleudern; etwas zerrupfen.

10. Die Quinoa mit dem gebackenem Gemüse, Kirschtomaten, Rucola, dem Dressing und den eingelegten Kräutern mischen.

SCHARFER QUINOA-AVOCADO-SALAT

2 Portionen • Pro Portion: 467 kcal / 26,35 g F / 44,95 g KH / 9,65 g P

Avocados enthalten reichlich einfach ungesättigte Fettsäuren und Mineralstoffe! Man sollte sich nicht von ihrem hohen Fettgehalt und den damit verbundenen Kalorien abschrecken lassen, denn diese Fettsäuren sind besonders wertvoll und gesund.
VEGAN • GLUTENFREI

Für den Salat:	Für das Dressing:
2 reife Avocados	1 Knoblauchzehe
100 g Quinoa	2 EL Zitronensaft
1 gelbe Paprika	2 EL Olivenöl
2 Frühlingszwiebeln	1 Handvoll frische Petersilie
8 Cocktailtomaten	1 rote Chilischote
	Salz, Pfeffer

1. Quinoa waschen und abseihen. Mit doppelter Wassermenge ca. 15–20 Minuten kochen und etwas abkühlen lassen.

2. Die Knoblauchzehe fein hacken, die Chili entkernen und in feine Scheiben schneiden. In eine Schüssel geben und mit den restlichen Zutaten zu einem Dressing vermischen.

3. Paprika in kleine Würfel schneiden, Tomaten vierteln, Frühlingszwiebeln in Ringe schneiden.

4. Das geschnittene Gemüse, die Quinoa und das Dressing vermengen.

5. Avocados halbieren und mit einem großen Löffel vorsichtig aus der Schale lösen. Mit Salz, Pfeffer und etwas Zitronensaft würzen.

6. Quinoa-Salat auf den Tellern verteilen, Avocadohälften darauf setzen und zusätzlich mit Quinoa-Salat füllen.

BROT UND BRÖTCHEN

QUINOA-AMARANT-BROT

Kastenform von 30 cm (ca. 15–20 Scheiben)
Pro Scheibe (bei 20 Scheiben): 119 kcal / 1,05 g F / 23,03 g KH / 3,87 g P
VEGAN

100 g Quinoa
50 g Amarant
300 ml Wasser
300 ml Hafermilch
200 g Roggenmehl
300 g Dinkelmehl
2 TL Hefe
1 TL Kokosblütenzucker
1 TL gemahlener Koriander
1 ½ TL Salz

1. Quinoa waschen, abseihen und trocknen lassen.
2. Quinoa und Amarant in der Pfanne bei mittlerer Hitze anrösten.
3. Wasser und 100 ml Hafermilch hinzufügen und so lange köcheln lassen, bis die Flüssigkeit gut aufgenommen ist. Beiseitestellen und abkühlen lassen.
4. Das Mehl mit der Hefe vermischen, Kokosblütenzucker und lauwarme restliche Milch hinzugeben und in der Küchenmaschine kneten.
5. Jetzt alle anderen Zutaten hinzugeben und gut durchkneten.
6. Den Teig für mind. 30 Minuten an einem warmen Ort gehen lassen.
7. Danach in eine Kastenform drücken oder einen Brotlaib formen, mit Quinoa und Amarant bestreuen und weitere 45 Minuten an einem warmen Ort gehen lassen.
8. Backofen auf 220 °C vorheizen und das Brot für ca. 40 Minuten backen.

Foto: siehe Seite 69

QUINOA-JOGHURT-BRÖTCHEN

ca. 8 Brötchen • Pro Stück: 142 kcal/1,99 g F/25,28 g KH/19,5 g P

20 g Quinoa, Trockenmasse
250 g Mehl
1 Pck. Trockenhefe
1 Prise Salz
150 g Naturjoghurt
10 ml Olivenöl
50–100 ml Wasser

1. Quinoa waschen und abseihen. In doppelter Wassermenge 10–15 Minuten kochen und danach abkühlen lassen.

2. Die restlichen Zutaten außer dem Wasser vermengen und das Wasser schluckweise hinzugeben, bis der Teig geschmeidig ist.

3. Den Teig abgedeckt an einem warmen Ort eine Stunde gehen lassen, bis er sich verdoppelt hat.

4. Aus dem Teig kleine Kugeln (Brötchen) formen, auf ein mit Backpapier ausgelegtes Backblech legen und weitere 15 Minuten gehen lassen

5. Währenddessen den Backofen auf 180 °C vorheizen und nach der Gehzeit die Brötchen etwa 20 Minuten backen.

BUCHWEIZEN-QUINOA-BROT

ca. 15 Scheiben • Pro Scheibe: 97 kcal / 1 g F / 17,73 g KH / 3,06 g P
VEGAN bei Verwendung von Agavendicksaft oder einem anderen veganen
Süßungsmittel • GLUTENFREI

260 g Buchweizenmehl
95 g Quinoa-Mehl
5 g Trockenhefe
15 g Chia-Samen
20 g Flohsamen
2 EL Honig oder Agavendicksaft
1 ½ TL Salz
ca. 260 ml Wasser

1. Buchweizenmehl, Quinoa-Mehl und Trockenhefe in einer Schüssel mischen.
2. Alle anderen Zutaten bis auf das Salz und das Wasser hinzufügen und gut vermengen.
3. Nach und nach das Wasser und zwischendurch das Salz hinzugeben, bis ein glatter Teig entsteht.
4. Den Teig abgedeckt für ca. 60 Minuten an einem warmen Ort gehen lassen.
5. Backofen auf 200 °C vorheizen.
6. Einen kleinen Laib formen und für 30–35 Minuten backen.
7. Abkühlen lassen oder das Brot warm genießen.

QUINOA-SONNENBLUMEN-BROT

26-cm-Backform (ca. 12 Scheiben) • Pro Scheibe: 87 kcal/
2,16 g F/12,48 g KH/3,23 g P
VEGAN • GLUTENFREI

200 g Quinoa
3 EL Flohsamenschalen
1 Glas Wasser
50 g Sonnenblumenkerne
1 EL Salz
1 EL Thymian

1. Quinoa über Nacht oder mindestens 8 Stunden in Wasser einweichen, danach gründlich abspülen.

2. Flohsamenschalen in Wasser einrühren und 10 Minuten stehen lassen.

3. Quinoa mit Flohsamen vermengen, Salz und Thymian hinzufügen und pürieren, bis eine gleichmäßige Teigmasse entsteht.

4. Unter den Teig die Hälfte der Sonnenblumenkerne mischen.

5. Den Teig in eine eingefettete Brotbackform geben und mit den restlichen Sonnenblumenkernen bestreuen.

6. Das Brot für ca. 80 Minuten bei 160 °C backen.

SÜSSE QUINOA-BRÖTCHEN

16 Brötchen • Pro Brötchen: 295 kcal/10,46 g F/41,56 g KH/6,64 g P
VEGAN

> 250 g gekochte Quinoa
> 250 ml warmes Wasser
> 3 TL Salz
> 1 ½ TL Trockenhefe
> 100 g Ahornsirup
> 140 g Sonnenblumenöl oder Öl nach Wahl
> 2 EL Chia-Mehl und 6 EL Wasser (wird zu Chia-Gel)
> 800 g Mehl, davon ca. 400 g Roggen

1. Quinoa waschen und abseihen. Quinoa mit Salz und 1 TL Ahornsirup in der doppelten Menge Wasser für ca. 15 Minuten kochen, bis das gesamte Wasser aufgesogen ist. Abkühlen lassen.

2. Chia-Mehl und Wasser vermischen und kurz quellen lassen; es entsteht Chia-Gel.

3. In der Zwischenzeit das Mehl mit der Trockenhefe in einer Schale vermischen und das warme Wasser hinzufügen. Den übrigen Ahornsirup, das Chia-Gel und das Öl hinzugeben. Alles mit der Küchenmaschine gut vermengen.

4. Zum Schluss noch die Quinoa und das Salz dazugeben und noch einmal gut vermischen. Falls der Teig zu trocken ist, noch etwas Wasser hinzufügen, falls er zu flüssig ist, noch etwas Mehl, sodass es ein schöner glatter Teig wird.

5. Für ca. 1 ½ Stunden an einen warmen Ort stellen, damit er gehen kann.

6. Backofen auf 200 °C vorheizen.

7. Den Teig in 16 kleine Teile teilen und diese zu Brötchen rollen. Dies geht sehr gut, wenn man den Teig zwischen der Handfläche und der Arbeitsfläche rollt. Dabei sollten der Ballen und die Fingerspitzen die Arbeitsfläche berühren.

8. Die Brötchen auf ein Backblech legen und weitere 20 Minuten gehen lassen.

9. Die Brötchen mit einem scharfen, angefeuchteten Messer oben einritzen, mit etwas Wasser bestreichen und mit Quinoa bestreuen.

10. Für 20 Minuten bei 200 °C backen, bis sie oben angebräunt sind.

11. Etwas abkühlen lassen und am besten noch warm genießen.

QUINOA-TORTILLAS

ca. 9 Tortillas • Pro Stück: 112 kcal / 1,87 g F / 18,61 g KH / 4,18 g P
VEGAN • GLUTENFREI

45 g braunes Reis-Mehl
225 g Quinoa-Mehl
1 TL Salz
etwas Ölivenöl
ca. 140 ml heißes Wasser

1. Alle trockenen Zutaten in einer Schüssel vermengen.

2. Öl hinzufügen. Wasser dazugeben und alle Zutaten kneten, bis ein glatter Teig entstanden ist.

3. Neun kleine Bällchen aus dem Teig formen und leicht platt drücken.

4. Auf Backpapier die Bällchen zu Kreisen ausrollen (wie für eine runde Pizza).

5. Hinweis: Wenn der Teig klebt, ist er zu feucht – einfach noch etwas Reismehl hinzufügen und nochmals kräftig durchkneten.

6. Vom Backpapier lösen und jeweils in der Pfanne von jeder Seite ca. 1 Minute anbraten, bis die Tortillas angebräunt sind.

Serviertipp

Mit Hackfleisch oder Hähnchenbrust und Salat füllen oder vegan mit Gemüse und Salat.
Man kann auch Tortilla-Chips zum Knabbern und Dippen daraus herstellen. Jeweils eine Tortilla in acht Dreiecke schneiden (erst vierteln und die Viertel dann wieder halbieren), auf ein Backblech legen und im Ofen bei 180 °C ca. 10 Minuten knusprig backen.

HERZHAFTE SNACKS

KÜRBIS-QUINOA-KÄSE-MUFFINS

ca. 10 Stück • Pro Stück: 90 kcal / 4,3 g F / 9,33 g KH / 2,97 g P
VEGAN bei Verwendung von veganer Käse-Alternative • GLUTENFREI

> **200 g Quinoa**
> **3 EL Chia-Mehl und 9 EL Wasser (wird zu Chia-Gel)**
> **100 g geraspelte Zucchini**
> **100 g geraspelter (veganer) Käse**
> **100 g geraspelter Kürbis**
> **15–20 g (veganer) Parmesan**
> **2 Frühlingszwiebeln**
> **Salz und Pfeffer**

1. Backofen auf 180 °C vorheizen.
2. Quinoa waschen, abseihen und danach in doppelter Wassermenge 15–20 Minuten kochen.
3. Chia-Mehl mit dem Wasser vermischen und kurz quellen lassen; es entsteht Chia-Gel.
4. Zucchini, Kürbis und Käse raspeln und die Frühlingszwiebeln klein schneiden. Mit Salz und Pfeffer nach Geschmack würzen.
5. Alle übrigen Zutaten in eine Schüssel geben und gut vermengen.
6. Die Masse in Muffinformen füllen und bei 180 °C 20–25 Minuten backen.
7. Warm servieren – guten Appetit!

Foto: siehe Seite 76

QUINOA-REIS-CRACKER

ca. 30 Stück • Pro Stück: 19 kcal/1,11 g F/1,71 g KH/0,54 P
VEGAN • GLUTENFREI

90 g Quinoa
90 g brauner Reis
20 g Sesamsamen
12 g Leinsamen
¾ EL Sojasoße
Salz
¾ EL Olivenöl

1. Quinoa waschen und abseihen. Reis und Quinoa jeweils in doppelter Menge Wasser kochen.

2. Backofen auf 180 °C vorheizen.

3. Die Leinsamen in 2 EL Wasser für 20 Minuten einweichen.

4. Die Sesamsamen kurz braun anbraten.

5. Quinoa, Reis, Leinsamen mit Wasser, Sojasoße, Salz und Olivenöl in einen Mixer geben und vermischen.

6. Die angebratenen Sesamsamen hinzufügen und noch einmal gut mixen.

7. Den Teig zwischen zwei Klarsichtfolien sehr dünn ausrollen. Die obere Klarsichtfolie abziehen und den Teig etwas mit Öl bestreichen.

8. Ein Stück Backpapier auf den Teig legen und mit dem Backpapier auf ein Backblech legen.

9. Die andere Klarsichtfolie abziehen und diese Teigseite ebenfalls mit Öl bestreichen.

10. Zum Schluss Sonnenblumen- und Kürbiskerne nach Belieben aufstreuen.

11. Für 30–35 Minuten bei 180 °C backen.

12. Mit einem Pizzaschneider in Stücke schneiden und abkühlen lassen.

BLUMENKOHL-QUINOA-BÄLLCHEN

ca. 30 Stück • Pro Stück: 37 kcal / 0,37 g F / 6,39 g KH / 1,72 g P
VEGAN

130 g Quinoa
1 Blumenkohl (ca. 600 g)
Ingwer, ca. 2 cm
½ TL Oregano
1 TL Petersilie
2 EL Dinkelmehl
95 g Paniermehl
250 ml Wasser

1. Backofen auf 190 °C vorheizen.
2. Quinoa waschen und abseihen und in doppelter Wassermenge ca. 15–20 Minuten kochen.
3. Blumenkohl in Röschen teilen und kochen, bis er gar ist.
4. Mit dem Ingwer in den Mixer geben und auf kleiner bis mittlerer Stufe ca. 10 Sekunden mixen, bis der Blumenkohl klein geraspelt ist.
5. Die Blumenkohlraspeln in eine große Schüssel geben und mit der Quinoa vermengen.
6. Alle anderen Zutaten hinzugeben, gut miteinander vermengen und für ca. 10–15 Minuten zum Auskühlen und Festwerden in den Kühlschrank stellen.
7. Aus der Blumenkohl-Quinoa-Mischung mit der Hand kleine Bällchen formen und in einer Pfanne anbraten, bis sie leicht bräunlich sind.
8. Die Bällchen kommen nun auf ein Backblech und für 10–15 Minuten in den Backofen.
9. Wenn sie fertig sind, herausnehmen und genießen.

PIKANTE QUINOA-CRACKER

ca. 24 Stück • Pro Stück: 30 kcal / 1,28 g F / 3,18 g KH / 1,31 g P

80 g gepuffte Quinoa
2 Eier
40 g Dinkelmehl
1 EL Kokosöl
2 EL Wasser
½ TL Paprikapulver
¼ TL Currypulver
etwas Salz, Pfeffer, Cayennepfeffer

1. Backofen vorheizen auf 190 °C Umluft.
2. Die Eier kurz aufschlagen und mit den Gewürzen vermengen.
3. Das Kokosöl schmelzen.
4. Nun alle Zutaten miteinander vermengen und gut abschmecken.
5. Aus dem Teig kleine Kugeln formen und diese platt drücken, sodass je ein flacher, runder Cracker entsteht.
6. Die Cracker auf einem mit Backpapier belegtes Backblech verteilen und für ca. 12 Minuten backen.
7. Kurz abkühlen lassen und am besten direkt frisch genießen.

SÜSSE IDEEN

QUINOA-PANCAKES

10 Stück • Pro Stück: 70 kcal/2,29 g F/9,1 g KH/2,78 g P
VEGAN bei Verwendung von Chia-Gel und Pflanzenmilch •
GLUTENFREI bei Verwendung von z.B. glutenfreiem Weinsteinbackpulver

> 100 g Quinoa-Mehl
> 2 EL Kokosblütenzucker
> 2 TL Backpulver
> 2 TL Zimt
> ¼ TL Salz
> 125 g Milch (alternativ Pflanzenmilch)
> 1 Ei (alternativ Chia-Gel aus 1 EL Chia-Mehl und 3 EL Wasser)
> 1 EL Öl
> 1 Vanilleextrakt, etwas Vanilleschote

1. Chia-Mehl mit Wasser vermischen und quellen lassen; es entsteht Chia-Gel. Dieser Schritt entfällt, wenn ein Ei verwendet wird.
2. Quinoa-Mehl mit dem Backpulver vermengen.
3. Kokosblütenzucker, Zimt und Salz hinzufügen und die Milch und das Ei bzw. Chia-Gel einrühren.
4. Mit Öl, Vanilleextrakt und Vanilleschote vermischen.
5. Die Pancakes in der Pfanne mit ein wenig Öl für ca. 3–4 Minuten je Seite ausbacken.
6. Warm servieren oder abkühlen lassen. Dazu schmeckt gut frisches Obst und Apfelmus.

Foto: siehe Seite 81

APFEL-ZIMT-QUINOA-HAPPEN

ca. 12 Stück • Pro Stück: 67 kcal / 1,17 g F / 11,62 g KH / 1,88 g P
VEGAN • GLUTENFREI bei Verwendung von glutenfreien Haferflocken

125 g Quinoa
75 g Haferflocken
¼ TL Zimt
¼ TL Muskat
2 EL Kokosblütenzucker
1 EL Ahornsirup
1 Apfel geraspelt (ca. 150–200g)
1 EL Chia-Mehl und 3 EL Wasser (wird zu Chia-Gel)
1 TL geriebene Bio-Zitronenschale
Salz

1. Backofen auf 180 °C vorheizen.
2. Quinoa waschen, abseihen und in doppelter Wassermenge mit einer Prise Salz ca. 10–15 Minuten kochen.
3. In der Zwischenzeit Chia-Mehl mit 3 EL Wasser vermischen und quellen lassen; es entsteht Chia-Gel.
4. Den Apfel schälen und raspeln, wer mag, kann ¼ des Apfels in kleine Stücke schneiden.
5. Alle Zutaten, auch die Quinoa und das Chia-Gel, in eine Schüssel geben, eine Prise Salz dazu und alles mit einer Küchenmaschine gut vermengen.
6. Die Masse in kleine Muffinformen geben und 15–20 Minuten bei 180 °C backen.
7. Warm servieren.

QUINOA-SCHOKOLADENKUCHEN MIT AVOCADO-SCHOKOCREME-TOPPING

26-cm-Springform (ca. 8 Stück) • *Pro Stück (bei 8 Stück gesamt mit Schoko-Topping):*
438 kcal/34,63 g F/16,45 g KH/11,41 g P
GLUTENFREI bei Verwendung von z.B. glutenfreiem Weinsteinbackpulver

Für den Kuchen:

370 g Quinoa

85 g Butter

85 g Kokosöl

120 g Kakaopulver

240 g Erythrit (alternativ 200 g Xylitol oder anderes Süßungsmittel)

80 ml ungesüßte Mandelmilch

1 Vanilleschote

10 g Backpulver

4 Eier

1. Backofen auf 180 °C vorheizen.
2. Quinoa waschen, abseihen und in doppelter Wassermenge ca. 10–15 Minuten kochen.
3. Butter und Kokosöl schmelzen.
4. Eier, Milch, Quinoa, Butter und Kokosöl mit einem Handrührgerät auf höchster Stufe mixen, bis ein einheitlicher Teig entsteht.
5. Alle trockenen Zutaten in einer Schüssel vermischen und nach und nach unter weiterem Rühren in den flüssigen Teig einrieseln lassen.
6. Wenn ein einheitlicher Teig entstanden ist, füllt man ihn in eine mit Backpapier ausgelegte Springform.
7. Für 30–35 Minuten bei 180 °C backen.
8. Nach 30 Minuten mit einem Holzstäbchen in den Kuchen stechen, um zu sehen, ob er bereits fertig ist. Evtl. Backzeit um 5–10 Minuten verlängern.
9. Den Kuchen abkühlen lassen und ihn schließlich mit der Schokocreme toppen.

Für das Schokocreme-Topping:

200 g reife Avocado

50 g Kakaopulver

100 g Schlagsahne

Erythrit/Xylitol nach Bedarf

1. Alle Zutaten in eine Schüssel geben und mit einem Pürierstab zu einer einheitlichen Creme pürieren (durch die Avocado wird die Masse sehr cremig).

Hinweis

Wenn man den Kuchen mit der Avocado-Schokocreme toppt, sollte man ihn noch am gleichen Tag verbrauchen. Alternativ kann man das Schokocreme-Topping auch durch Schokoladenpudding ersetzen.

ERDNUSS-QUINOA-KEKSE

ca. 18 Kekse • Pro Keks: 88 kcal/4,37 g F/0,79 g KH/3,22 g P
*VEGAN bei Verwendung eines veganen Süßungsmittels wie Agavendicksaft
anstatt Honig • GLUTENFREI bei Verwendung von glutenfreien Haferflocken*

120 g Erdnussbutter (fein oder crunchy)
80 g Honig
60 g Haferflocken
20 g geschrotete Leinsamen
100 g Quinoa
5 g Backpulver
5 g Zimt
2 Prisen Salz
Erdnüsse, Rosinen, Schokoladenchips nach Wunsch als Topping

1. Backofen auf 180 °C Umluft vorheizen.

2. Alle Zutaten in eine Schüssel geben, gut miteinander vermischen und mit einem Esslöffel zu einem Teig verkneten.

3. Mit einem Teelöffel kleine Häufchen auf ein Backblech setzen und etwas platt drücken.

4. Das Topping nach Wunsch auf die Kekse geben und leicht in den Teig eindrücken.

5. Für 14–17 Minuten backen.

6. Beim Abkühlen werden die Kekse noch etwas härter.

QUINOA-PROTEINRIEGEL

15 Stück • Pro Stück: 282 kcal / 15 g F / 29 g KH / 8,85 g P

100 g gemahlene Mandeln
60 g Mehl
60 g Vanille-Whey
80 g Erythrit oder anderes Süßungsmittel
250 ml Mandelmilch
100 g gepuffte Quinoa
500 g Vollmilch-Kuvertüre
Chia-Samen o. Ä. zum Bestreuen

1. Mandeln, Mehl, Vanille-Whey, Erythrit oder anderes Süßungsmittel und Mandel-milch verrühren und die gepuffte Quinoa unterheben.

2. Den Teig in eine mit Backpapier ausgelegte rechteckige Backform (25 × 25cm) geben und bei 160 °C für 15–18 Minuten backen (Stäbchenprobe machen!).

3. Abkühlen lassen und währenddessen die Schokolade klein schneiden und im Wasserbad schmelzen.

4. Die geschmolzene Schokolade auf den fertigen Teig streichen, mit Chia-Samen o.Ä. bestreuen und abkühlen lassen

5. Zum Schluss in einzelne Riegel schneiden, fertig!

FITNESS-PROTEINRIEGEL

10 Stück • Pro Stück: 193 kcal / 8,6 g F / 15,8 g KH / 11,4 g P
GLUTENFREI bei Verwendung von glutenfreier Schokolade

> 80 g Quinoa
> 90 g Datteln (100 % naturbelassen)
> 30 g Erdnussbutter
> 100 g Whey (Geschmack nach Wunsch, Tipp: Schoko)
> 60 g gemischte Nüsse
> 25 g Cranberrys
> 60 g Schokolade (Kakaoanteil: 85 %)

1. Quinoa waschen, abseihen und in der doppelten Wassermenge kochen. Abkühlen lassen.
2. Datteln entkernen und mit den Nüssen in einem Mixer vermischen.
3. Erdnussbutter, Whey und Cranberrys in den Mixer hinzufügen.
4. Abgekühlte Quinoa dazugeben und durchmixen.
5. Aus der Masse Riegel formen (Tipp: Whey als Mehlersatz nehmen, dann wird es weniger klebrig).
6. Riegel im Gefrierfach 1 Stunde einfrieren.
7. Schokolade schmelzen und die Riegel damit bestreichen.
8. Kühl lagern und fertig!

HAFERFLOCKEN-QUINOA-KEKSE

15 Stück • Pro Stück: 51 kcal/0,76 g F/8,97 g KH/1,56 g P
VEGAN • GLUTENFREI bei Verwendung von glutenfreien Haferflocken

20 g Quinoa
120 g Haferflocken
2 reife Bananen
1 Handvoll Goji-Beeren (oder andere getrocknete Früchte)

1. Quinoa waschen, abseihen und in der doppelten Wassermenge kochen. Abkühlen lassen.

2. Die Bananen zerdrücken und mit den restlichen Zutaten mit einem Löffel vermengen.

3. Daraus kleine Kugeln formen, auf ein mit Backpapier ausgelegtes Backblech geben und platt drücken.

4. Im vorgeheizten Backofen bei 180 °C 10–15 Minuten backen, bis sich der Rand der Kekse leicht bräunlich gefärbt hat.

QUINOA-BROWNIES

ca. 60 Stück • Pro Stück: 47 kcal / 3,07 g F / 3,58 g KH / 1,19 g P
VEGAN • GLUTENFREI

250 g gekochte Quinoa

50 g Kakaopulver

2 EL Chia-Mehl und 6 EL Wasser (wird zu Chia-Gel)

40 g Kokosöl

160 g Cashewbutter

60 g Apfelmus ungesüßt

125 g Agavensirup

2 TL Bittermandeln

½ TL Salz

50 g Kakao-Nibs

1. Quinoa waschen, abseihen und in der doppelten Menge an Wasser für ca. 10–15 Minuten kochen.

2. Backofen auf 180 °C vorheizen.

3. Chia-Mehl mit Wasser vermischen und quellen lassen; es entsteht Chia-Gel.

4. Alle Zutaten zu einem Teig vermischen.

5. Den Teig in eine gefettete Backform einfüllen oder auf ein Backblech streichen.

6. Für 25–35 Minuten backen (Stäbchenprobe machen!).

7. Noch warm in die gewünschten Stücke schneiden.

QUINOA-WAFFELN

ca. 15 Stück • Pro Stück: 210 kcal / 8,19 g F / 28,58 g KH / 4,67 g P
VEGAN • GLUTENFREI

150 g Quinoa-Mehl
150 g braunes Reismehl
150 g Maismehl
2 TL Hefe
ca. 600 ml Pflanzenmilch
100 g Kokosblütenzucker oder andere Zuckeralternative
Salz
¼ TL Zimt
100 ml Öl
geriebene Schale einer halben Bio-Zitrone

1. Quinoa-Mehl, Reismehl, Maismehl und Trockenhefe vermischen.
2. Restliche Zutaten hinzufügen.
3. Alles gut verrühren und für 45–50 Minuten an einem warmen Ort gehen lassen.
4. Noch einmal gut durchrühren und in einem Waffeleisen backen.

SCHOKO-MANDEL-SCHNITTCHEN

ca. 20 Stück • Pro Stück: 120 kcal/7,78 g F/8,73 g KH/3,6 g P
VEGAN • GLUTENFREI

Für den Teig:

60 g Apfelmus ungesüßt

160 g Mandelbutter bzw. Mandelmus

2 EL Chia-Mehl und 6 EL Wasser (wird zu Chia-Gel)

60 g Kokosblütenzucker oder andere Zuckeralternative

1 TL Vanilleextrakt

125 g Quinoa-Mehl

½ TL Backpulver

Prise Salz

Für die Schokoladenglasur:

40 g Kokosöl

45 g Kakaopulver

2 TL Agavensirup

1. Backofen auf 180 °C vorheizen.

2. Chia-Mehl mit Wasser vermischen und quellen lassen; es entsteht Chia-Gel.

3. Apfelmus und Mandelbutter/mus zu einer cremigen Masse verrühren.

4. Zucker, Vanille und das Chia-Gel hinzugeben und alles gut vermengen. Quinoa-Mehl, Backpulver und Salz zufügen und wieder ordentlich durchmischen.

5. Den Teig in eine gefettete Backform geben oder auf ein Backblech streichen und 20–25 Minuten backen.

6. Für die Schokoladenglasur Kokosöl, Kakaopulver und Agavensirup vermischen und auf dem erkalteten Kuchen verteilen. Kuchen für mind. 30 Minuten in den Kühlschrank stellen, damit die Schokoladenglasur fest wird.

Bezugsquellen für Quinoa. Bioprodukte und die vegane und glutenfreie Küche

Quinoa, Chia, Naturkost und Nahrungsergänzungsmittel:
www.fitness-planet24.de

Bio-Quinoa und eine riesige Auswahl an Bio-Produkten. Entdecke auch Quinoa im Kochbeutel auf:
www.davert.de

Quinoa, Chia und Co. in kontrollierter Premium-Qualität:
NATURACEREAL.de,
https://naturacereal.de/

Gekeimte Quinoa, ausgefallene Biohonige, vegane & handgemachte Bio-Bandnudeln und Bio-Rohkost:
www.die-kulinaristen.de/

Quinoa und weitere glutenfreie Produkte wie Teff, Buchweizen, Mehle und Saaten, Powerfood wie Chia und Co. Online Shop:
www.Teff-Shop.de.
Weitere Informationen unter
www.Erde24.com.

Quinoa und mehr. Govinda führt ein breites Sortiment an veganen, rohköstlichen, gluten- und laktosefreien Produkten:
www.govindanatur.de/

Quinoa und andere Köstlichkeiten in Europas größtem Online-Shop für rein pflanzliche Spezialitäten:
www.alles-vegetarisch.de

Glutenfreie, vegane Naturkost **aus Peru**. Bio-Quinoa-Korn oder Pops-Flocken-Mehl, Bio-Maca, Bio-Rohkost-Pulver, Bio-Chia, Quinoa-Kakao-Trinkschokoladen, Quinoa in Edelbitterschokolade 70%, Trockenfrüchte u.v.m. Online-Shop:
www.mary-linda.com,
Bulkware:
www.btac.eu/

Bio-Chia, Bio-Moringa, Bio-Maca, Bio-Acai und Bio-Kokosöl:
www.naturschaetzchen.de

Superfood-Toppings für Oatmeal, Porridge und Co.:
https://oatsome.de/

Glutenfreies Putensortiment:
www.hoehenrainer.de/produkte/

Vegane Fleischersatzprodukte:
www.hoehenrainer.de/hoehenrainer-vegan-bewusst-geniessen

Über die Autorin

Veronika Pichl ist die Gründerin des Abnehmguru-Verlags, zu finden unter www.abnehmguru.de. Die Autorin schreibt praktische und hilfreiche Ratgeber zu den Themen Abnehmen, Ernährung, Bewegung und Glücklichsein. Zahlreiche nützliche und erprobte Tipps und abwechslungsreiche Rezepte begleiten die Leser auf ihrem Weg zu einer positiven Veränderung.
In ihrem Online-Magazin www.abnehmguru-magazin.de gestalten die Leserinnen und Leser mit: Sie werden regelmäßig eingeladen, neue Produkte zu testen und ihre Erfahrungen mit der Community zu teilen.

Danksagung

Aylin teilt auf ihrem Blog http://www.boomshalalaa.com/ und ihrem Instagram-Account @boomshalalaa die Ergebnisse ihrer Koch- und Backleidenschaft mit ihren Followern und zeigt, dass gesunde Küche auch Spaß machen kann.

Ronja vom Online-Magazin Food'n'Photo zeigt, dass auch das Auge mitisst. Auf ihrem Blog www.foodnphoto.de und ihrem Instagram-Account @miss_gruenkern präsentiert sie leckere und gesunde Gerichte, die allein beim Ansehen Appetit bereiten.

Katharina – Schnelle, gesunde Fitness-Küche für Jedermann: Leckereien können gesund sein, und ausgewogen kochen kann man auch in der Mikrowelle. Wie? Das zeigt Katharina auf ihrem Fitness-Account bei Instagram: @squatsandpeanuts

Bloggerin Nadin von Fitnessfood4u – healthy food for sporty people: In ihrem Blog www.fitnessfood4u.de und auf Facebook zeigt sie gesunde Rezeptideen und wunderschöne Food-Fotos.

Paria hat mit ihrer Fitness-Gruppe »Eat & Train Bodylicious Women« auf Facebook eine informative und unterstützende Plattform nur für Frauen ins Leben gerufen. In Koch- und Backvideos zeigt sie, wie einfach es ist, gesunde Rezepte zuzubereiten. Instagram: @Eattrainbodylicious

Bild- und Rezeptnachweis

S. 31–32: Quinoa-Kokos-Heidelbeer-Porridge (Rezept + Foto): Nadin Schatter, fitnessfood4u

S. 33: Frühstücksreis (Rezept + Foto): Sabine Münzberg

S. 34: Quinoa-Pudding mit Kaki und Minze (Rezept + Foto): Eileen Moser

S. 35: Karibischer Frühstückstraum: Rezept: Inga Eierhoff; Foto: Karina Sowa

S. 36–37: Möhrensuppe mit Quinoa (Rezept + Foto): Ronja Pfuhl, Food'n Photo, #miss_gruenkern

S. 38–39: Minestrone mit Quinoa: Rezept: Miriam Matin

S. 40: Scharfes Quinoa-Curry-Kokos-Paradiessüppchen: Rezept: Conny M.

S. 41–44: Quinoa-Burger mit selbst gemachtem Curry-Ketchup (Rezept + Foto): Ronja Pfuhl, Food'n Photo #miss_gruenkern

S. 45: Quinoa-Auflauf grün-weiß: Rezept: Eileen Moser

S. 46: Kürbis-Quinoa-Gnocchi (Rezept + Foto): Tina Plugge

S. 47: Mit Tabouleh gefüllte Pilze (Rezept + Foto): Miriam Matin

S. 48–49: Glutenfreie Quinoa-Nudeln: Rezept: Tina Plugge

S. 50: Quinoa-Gemüse-Pfanne: Rezept: Tina Plugge

S. 51: Chicken Nuggets mit Quinoa-Panade (Rezept + Foto): Tina Plugge

S. 52: Chicken Nuggets vegane Variante: Rezept: Tina Plugge

S. 53: Mit Quinoa gefüllte Paprika, orientalisch gewürzt: Rezept: Miriam Matin

S. 54: Pilzpfanne mit Quinoa (Rezept + Foto): Nadin Schatter, fitnessfood4u

S. 55: Quinoa-Pizza (Rezept + Foto): Tina Plugge

S. 56–57: Quinoa-Chili (Rezept + Foto): Eileen Moser

S. 58–59: Bohnen-Quinoa-Bratlinge mit gemischtem Salat (Rezept + Foto): Eileen Moser

S. 60–61: Gebackener Butternusskürbis mit Quinoa-Avocado-Füllung (Rezept + Foto): Miriam Matin

Jetzt online registrieren und gratis E-Book sichern!

Sie wollen über interessante Neuerscheinungen und ähnliche Produkte informiert werden?

Sie wollen wissen, wann Sie Ihren Lieblingsautor auf Lesungen und im TV sehen oder bei Autogrammstunden treffen können?

Dann registrieren Sie sich unter: **www.m-vg.de/news** und geben Sie dort den einmaligen **Gutschein-Code 230-057-775** ein.

Wir halten Sie per E-Mail auf dem aktuellsten Stand zu unserem Programm und allen Terminen!

Tragen Sie sich jetzt ein und sichern Sie sich eines dieser beiden E-Books als Willkommensgeschenk:

riva